JAMES ALLEN

MEDITAÇÕES
e pensamentos
PARA CADA DIA DO ANO

Tradução:

Principis

Esta é uma publicação Principis, selo exclusivo da Ciranda Cultural
© 2024 Ciranda Cultural Editora e Distribuidora Ltda.

Traduzido do original em inglês
Book of meditation &
Thoughts for the day

Texto
James Allen

Editora
Michele de Souza Barbosa

Tradução
Aracy Mendes Costa

Preparação
Paula Pedro de Scheemaker

Produção editorial
Ciranda Cultural

Diagramação
Linea Editora

Revisão
Mônica Glasser

Design de capa
Ana Dobón

Imagens
Strigana/shutterstock.com;
New Africa – stock.adobe.com

Dados Internacionais de Catalogação na Publicação (CIP) de acordo com ISBD

A425m   Allen, James.

Meditações e pensamentos para cada dia do ano / James Allen ;
traduzido por Aracy Mendes Costa. - Jandira, SP : Principis, 2024.
384 p. ; 12,50cm x 19,80cm.

Título original: Book of meditation Thoughts for the day
ISBN: 978-65-5097-234-9

1. Autoajuda. 2. Autoconhecimento. 3. Meditação. 4. Devocional.
5. Inspiração. 6. Motivação. I. Costa, Aracy Mendes. II. Título.

2024-2049

CDD 158.1
CDU 159.92

Elaborada por Lucio Feitosa - CRB-8/8803

Índice para catálogo sistemático:
1. Autoajuda : 158.1
2. Autoajuda : 159.92

1ª edição em 2024
www.cirandacultural.com.br
Todos os direitos reservados.
Nenhuma parte desta publicação pode ser reproduzida, arquivada em sistema de busca
ou transmitida por qualquer meio, seja ele eletrônico, fotocópia, gravação ou outros, sem
prévia autorização do detentor dos direitos, e não pode circular encadernada ou encapada
de maneira distinta daquela em que foi publicada, ou sem que as mesmas condições sejam
impostas aos compradores subsequentes.

Esta obra reproduz costumes e comportamentos da época em que foi escrita.

"Olhei para o mundo ao meu redor e vi que ele era ofuscado por sombras de tristeza e ressequido por ferozes chamas de sofrimento. Procurei a causa. Olhei ao redor, mas não a encontrei. Procurei nos livros, mas não a encontrei. Olhei para dentro de mim e lá estavam tanto a causa como a natureza criada por aquela causa. Olhei novamente e, com um olhar mais aguçado, encontrei a solução. Encontrei uma lei, a lei do amor. Uma vida, a vida da adequação à lei. Uma verdade, a verdade de uma mente conquistada e de um coração sereno e obediente."

Prefácio do editor da primeira edição

James Allen pode ser considerado o profeta da meditação. Em uma era de conflitos, atropelos, controvérsia religiosa, discussões acaloradas, rituais e cerimônias, ele trouxe mensagens de meditação que transportam as pessoas do burburinho e das disputas verbais para os caminhos tranquilos da serenidade da alma, em que a luz ilumina todos os seres humanos, sempre brilha forte e incessante, para todos os que voltarem os olhos cansados da discórdia *externa* para seu *interior* sereno. Várias meditações foram escritas enquanto ele passava horas preciosas sozinho com Deus, enquanto o mundo dormia. Outras meditações foram retiradas de vários escritos seus, *publicados ou não*, e organizadas para criar leituras diárias de acordo com suas preferências e provavelmente sob sua orientação espiritual. O livro sempre será uma fortaleza da verdade espiritual e uma bênção para todos os que o leem, sobretudo para aqueles que o utilizam para meditar. Seu maior valor está em ser a essência do que é ser um homem bom, *que viveu cada palavra que escreveu*.

LILY L. ALLEN

> *"Onde ele passava horas preciosas sozinho com Deus, enquanto o mundo dormia?"*

> *Aquele que não encontra o caminho da meditação,*
> *não chegará à libertação e à iluminação.*
> *Mas encontrará o caminho do pensamento sagrado.*
> *Com a mente serena e perseverante, ele verá, então,*
> *o permanente no que é mutável,*
> *a verdade eterna no que é variável,*
> *e assim poderá contemplar a lei perfeita: o cosmos*
> *surge do caos quando o eu vencido*
> *se encontra sob o tacão do homem: o amor é sua força.*
> *Observe as multidões torturadas pela paixão,*
> *e compadeça-se delas. Sinta dor pelo longo*
> *sofrimento que passaram. E então chegará*
> *à paz perfeita, e assim o mundo será abençoado,*
> *levando ao caminho do alto e do sagrado*
> *os pés daqueles que procuram. – E agora eu vou*
> *para a minha morada. Siga para sua missão.*

Pelo pensamento caímos, pelo pensamento nos levantamos. Pelo pensamento ficamos ou partimos. Todo destino é forjado por sua força imperiosa, e aquele que permanece dono do pensamento domina seus desejos, aspira e urde pensamentos de amor e poder, constrói o grande final na luz certeira da verdade.

Janeiro

1º de janeiro — *James Allen*

PENSAMENTO PARA A MANHÃ

Ao desejar uma vida de bem-aventurança, a forma mais simples de começar é a que faço todos os dias: recomeçar a vida a cada manhã.

Meditação do dia

*O caminho para a plenitude de paz
está na superação de si mesmo.*

As pessoas movidas por paixões geralmente mostram a tendência de corrigir os outros, mas o sábio corrige primeiro a si mesmo. Se alguém estiver preocupado em reformar o mundo, que comece reformando a si mesmo. A reformulação do eu não termina pela eliminação dos elementos sensoriais. Isso é só o começo. Ela só termina quando todo pensamento fútil e os objetivos egoístas forem superados. Se ainda houver alguma forma de autoescravidão ou insensatez que precise ser vencida, é porque faltam pureza e sabedoria perfeitas.

PENSAMENTO PARA A NOITE

Quanto mais abençoadas e duradouras forem as conquistas, maior será a paz, a felicidade e o sucesso.

Esta é a minha aspiração.

Meditação e pensamentos
para cada dia do ano

2 de janeiro

PENSAMENTO PARA A MANHÃ

Somente pensamentos corretos suscitam ações corretas, pois a mente é a grande força criadora que molda e cria. Você é a *mente*.

Meditação do dia

Onde encontrar a paz? Onde a verdade se esconde?

Organize suas ações: o trabalho antes da diversão, o dever antes do prazer e os outros antes de si mesmo. Esta é uma regra que não pode ser transgredida. Começar bem é meio caminho para a vitória. Quem procura a verdade pelo caminho errado pode abdicar da retidão. Começar com pensamentos puros, retidão genuína, propósitos altruístas, metas nobres e consciência incorruptível é começar bem. É colocar em primeiro lugar o que é importante para que o resto siga uma ordem harmoniosa, tornando a vida mais simples, mais bela, bem-sucedida e tranquila.

PENSAMENTO PARA A NOITE

A serenidade vem à medida que me reconheço um ser de pensamento evoluído, deixo de ser impaciente, de me preocupar com pequenas coisas e de sofrer inutilmente.

Este é o meu trabalho diário.

3 de janeiro

James Allen

PENSAMENTO PARA A MANHÃ

Saber que as leis do universo nunca falham e que voltarão com precisão matemática; isto significa ter fé e viver na fé. Eu vivo na fé.

Meditação do dia

Para encontrar a paz, é preciso abandonar a paixão.

Quando situações pecaminosas têm um sabor doce, não devemos aspirá-las, pois, quando o doce se transforma em amargo, perdemos a paz. Ir em busca do efêmero a qualquer custo só causa sofrimento. Prestemos atenção em nosso dia a dia para que saibamos o que é de fato doce, não apenas no momento em que o saboreamos. Tenhamos aspirações que levem ao caminho da paz e certamente teremos uma vida de paz e bênçãos, de renovação e de alegria. É preciso diferenciar as paixões efêmeras daquelas que permanecerão em nossa vida.

PENSAMENTO PARA A NOITE

Eu sigo a voz infalível de meu guia interior, que me revela o propósito da vida. Vivo diariamente conquistas, vitórias, saúde e prosperidade.

Esta é minha compreensão.

PENSAMENTO PARA A MANHÃ

Quando os impulsos egoístas e os pensamentos inúteis não se atropelam, quando o discurso se torna inofensivo e amável e nenhuma palavra é dita que não seja para transmitir verdade, então o discurso virtuoso fluirá.

Meditação do dia

A vida é o que fazemos dela com nossos pensamentos e nossas ações.

O ser humano conquista à medida que aspira. Seu desejo de ser é a medida do que ele pode ser. Corrigir a mente é predeterminar a realização. Da mesma forma que as pessoas podem vivenciar e conhecer tudo o que é mundano, elas podem vivenciar e conhecer tudo o que é celeste. À medida que se tornam humanos, também se tornam divinos. A única missão necessária é voltar a mente para o alto e para o divino.

PENSAMENTO PARA A NOITE

"Como estou me comportando em relação aos outros?" "O que estou fazendo para os outros?" Quando, no silêncio de sua alma, você se faz estas perguntas incisivas, infalivelmente descobrirá onde está fracassando.

Eu me questiono todos os dias.

5 de janeiro

James Allen

PENSAMENTO PARA A MANHÃ

Amar a todos e viver sempre no amor é viver a verdadeira vida, é ter a vida serena e com propósito.

Meditação do dia

Quando o homem deseja e quer, ele encontra o bem e a verdade.

Os portões do céu estão sempre abertos. Nem eu nem ninguém seremos impedidos de entrar por qualquer vontade ou poder, senão por nós mesmos. Existe uma vida maior, mais elevada, que a do pecado e do sofrimento. A vida da vitória sobre o pecado e do triunfo sobre o mal, a vida sensata e feliz, misericordiosa e tranquila, virtuosa e serena pode ser encontrada e vivida agora, e quem a viver permanecerá inabalável no meio da mudança, terá paz no meio da agitação e estará tranquilo, embora cercado pela discórdia.

PENSAMENTO PARA A NOITE

Quando abandono o pecado e o eu, meu coração recupera uma alegria imperecível, que chega e preenche o coração vazio do eu e habita na serenidade.

Eu faço as minhas escolhas.

PENSAMENTO PARA A MANHÃ

Quando você tiver dominado o que ameaça dominá-lo, se regozijará com a nova força recém-descoberta.

Meditação do dia

Quem segue uma vida pura, renova a mente todos os dias.

As pessoas de contínua aspiração não se deixam submeter pela tentação, mas meditam sobre como fortalecer sua mente. Porque aquele que *tenta*, age como o covarde: só ataca os pontos fracos e desprotegidos. Aquele que *é tentado,* deve estudar cuidadosamente a natureza e o significado da tentação, até saber que ela pode ser superada. Aquele que supera a tentação precisa entender como ela surge na própria escuridão e erro e precisa descobrir, pela introspecção e meditação, como dispersar a escuridão e suplantar o erro com a verdade.

PENSAMENTO PARA A NOITE

Eu enfrento a verdade para chegar à sabedoria e à bem-aventurança, e não ser vencido nem excluído, mas finalmente vencer cada inimigo interior.

Sigo uma vida justa e sábia.

PENSAMENTO PARA A MANHÃ

A alternativa para agir bem ou mal está dentro de você; qual utilizar? Você sabe o que é certo e o que é errado. Então qual escolher, estimular ou destruir?

Meditação do dia

À medida que os erros e as impunidades forem se revelando, vá eliminando-os.

Cada degrau que subimos significa abandonar alguma coisa, abaixo das experiências vividas. Só chegamos ao alto sacrificando o que está embaixo. Só garantimos o bem abandonando o mal. O conhecimento só é adquirido pela destruição da ignorância. De que bem maior o homem abdica apegando-se a velhos hábitos egoístas? Atrás de qualquer pequeno sacrifício, um anjo alado espera para nos levar para as alturas do conhecimento e da sabedoria.

PENSAMENTO PARA A NOITE

A mansidão e a paciência tornam-se habituais quando me agarro a um pensamento sereno e perseverante, até que a raiva e a impaciência sejam afastadas para sempre.

Eu busco a transformação.

PENSAMENTO PARA A MANHÃ

Como um ser de poder, inteligência e amor, e senhor de seus pensamentos, todas as pessoas têm a chave para qualquer situação. Basta saber usá-la.

Meditação do dia

Todas as formas de discórdia no mundo se originam de uma causa comum: o egoísmo individual.

As várias atividades enraizadas da vida humana retiram sua força vital de uma fonte comum: o coração humano. As atividades exteriores da vida humana não causam sofrimento e felicidade, mas sim as atividades internas do coração e da mente. Toda atividade externa é mantida pela vida que resulta da conduta humana. Aquele que prefere esconder seus erros e defeitos é incapaz de trilhar o caminho da verdade e não está suficientemente preparado para enfrentar e vencer a tentação. Aquele que não enfrenta com coragem sua natureza mais inferior, não pode subir às encostas acidentadas da renúncia.

PENSAMENTO PARA A NOITE

Tudo o que você esconder no íntimo de seu coração, cedo ou tarde, pela inevitável lei da ação e reação, aparecerá em sua vida exterior.

Eu procuro endireitar a mim mesmo.

9 de janeiro

James Allen

PENSAMENTO PARA A MANHÃ

A grande prosperidade é alcançada por quem insiste no caminho da conquista e na estrada do sacrifício, colhendo alegrias e bênçãos infinitas.

Meditação do dia

Quanto maior a necessidade da alma, mais ela é testada.

O fracasso não deve ser temido, pois nele está uma grandeza especial, uma sabedoria ímpar que mestres não são capazes de ensinar. A experiência do fracasso incorpora um conhecimento seguro e fortalecido. Erros cometidos ou quedas sofridas são lições vitais, e quem se curvar para descobrir o bem naquilo que parece ser um infortúnio, subirá mais alto a cada tropeço e utilizará seus fracassos como asas, que o levarão ao sucesso supremo final. Aquele que comete erros e pecados, mas ama a verdade, reconhece sua completa responsabilidade por sua conduta.

PENSAMENTO PARA A NOITE

Cooperar com Deus ajustará minhas crenças a uma fé perfeita e inabalável em sua onipotência e superioridade, destruindo o mal dentro de mim.

Eu acredito.

PENSAMENTO PARA A MANHÃ

Cada pensamento é uma força na qual devemos focar para cultivar a serenidade e a paz. Mentalizar bons pensamentos significará situações favoráveis em sua vida exterior.

Meditação do dia

A maior necessidade da alma é a necessidade do princípio eterno, chamado retidão.

O velho precisa morrer antes de o novo aparecer. O velho casebre precisa ser demolido para que uma mansão seja construída no lugar. O antigo erro precisa ser apagado para que uma nova verdade possa surgir... É preciso renunciar ao velho ser para que o novo possa nascer. Assim, tudo o que era velho e ruim se tornará novo e belo. É na concretização desse princípio que reside o reino dos céus, a morada eterna da alma, que é a fonte e o celeiro de todas as bênçãos eternas.

PENSAMENTO PARA A NOITE

Eu posso ser agora quem eu desejo e espero ser. Assim como tenho o poder de adiar, também tenho o poder de realizar.

Eu realizo.

PENSAMENTO PARA A MANHÃ

Enxergue o outro com empatia e zelo, não ignore a necessidade dele. Às vezes, basta uma palavra ou um olhar para melhorar a vida de uma pessoa. Lembre-se, você não está acima de ninguém, por mais que pareça estar.

Meditação do dia

Não importa o que falta, porque tudo é reflexo da própria consciência.

Todas as verdadeiras reformas *precisam partir de dentro*, com uma transformação do coração e da mente, que necessitam de espaço para receber seu novo eu. Renunciar a hábitos ruins e livrar--se de pensamentos ruins é um bom e necessário começo, mas muito aquém da verdadeira vida espiritual. O caminho é longo, mas certamente gratificante. Portanto, é bom limpar o coração, corrigir a mente, desenvolver a compreensão, porque sabemos que a única coisa necessária é um coração regenerado.

PENSAMENTO PARA A NOITE

Aquele que compreende a simplicidade absoluta da vida e não envereda pelos labirintos complexos do egoísmo, mantém-se seguro e feliz.

Eu procuro reformar meu interior todos os dias.

PENSAMENTO PARA A MANHÃ

O homem é responsável por seus pensamentos e ações. O repouso doce e a glória profunda atingem quem libertou o seu coração da luxúria e do ódio.

Meditação do dia

Renove sua resolução diariamente, e na hora da tentação não se afaste do caminho certo.

Dias mais longos do verão significam sol mais elevado e luz por mais tempo, da mesma forma que podemos a cada dia fortalecer nosso caráter e abrir nosso coração um pouco mais para a luz da verdade e permitir que o sol da justiça brilhe mais alto em nossa mente. As benesses da verdade e da bondade não aumentam nem diminuem, mas, se nos voltarmos para elas, receberemos seu brilho em poder e abundância cada vez maiores. A prática diária e diligente da verdade permite ao homem potencializar suas habilidades para moldar boas ações.

PENSAMENTO PARA A NOITE

A grande verdade da alma é ser dono de meu pensamento e modelador de meu caráter, do ambiente em que vivo e do meu destino.

Eu crio o destino que quero para mim.

13 de janeiro

PENSAMENTO PARA A MANHÃ

A verdade é perene como a alegria, e o falso é efêmero como o sofrimento. Brevemente escondida, a alegria será recuperada e a dor do sofrimento será dissipada.

Meditação do dia

O sábio purifica seus pensamentos.

Renascer e recomeçar são as graças de um novo dia. Eras cósmicas testemunharam o surgimento das estrelas em suas órbitas, mas o dia de hoje não foi testemunhado por nenhuma era. Erros, fracassos e sofrimentos de ontem têm a chance de se tornar acertos, sucessos e júbilos no novo dia. Um indivíduo regenerado com esperança, radiante e em paz pode surgir da noite para o dia, inspirado para um novo ideal de vida, de sociedade. Afaste da mente o egoísmo e viva uma vida de suprema pureza. A recompensa será uma bênção.

PENSAMENTO PARA A NOITE

A única e suprema utilidade do sofrimento é a purificação para apagar tudo o que for inútil e impuro. O sofrimento não existe para aquele que é puro.

Eu busco o renascimento todos os dias.

PENSAMENTO PARA A MANHÃ

Aquele que controla a si mesmo controla a própria vida, as circunstâncias e o destino. Para onde for, levará consigo a felicidade, seu bem permanente.

Meditação do dia

Não meça esforços para reduzir o mal e acumular o bem.

A vitória exige preparação, assim como o nascimento de uma flor ou a formação de uma montanha. Vitória, flor e o topo da montanha são o ápice de um processo de crescimento, esforços concentrados e paciente espera. Acatar o tempo para o amadurecimento do ser humano é sábio. O aprendizado da meditação e pequenas provações bem-sucedidas são as pedras que calçam o caminho para o triunfo e a vitória espiritual, cujo clímax é o grande júbilo, que se tornou completo e certo após longa preparação.

PENSAMENTO PARA A NOITE

A renúncia à devassidão, diversão e entrega aos prazeres indignos é o único caminho para a regeneração e a felicidade duradoura.

A verdade habita em mim.

PENSAMENTO PARA A MANHÃ

Compreender que o amor vence o ódio cruel e que a compaixão acaba com o sofrimento, traz sabedoria e diminui a distância até a paz.

Meditação do dia

A infinita alegria espera sua volta ao lar.

A chuva prepara o solo para a colheita de grãos e frutas, e a chuva de muitos sofrimentos que se espalham pelo seu coração o prepara e o tranquiliza para a chegada da virtude, que aperfeiçoa a mente e agrada ao coração. As nuvens escurecem o solo para refrescá-lo e frutificá-lo, e as nuvens da dor sombreiam o coração para prepará-lo para a felicidade. O sofrimento é a veneração, que extermina o escárnio superficial, os gracejos irreverentes, a calúnia cruel. Ela abranda o coração com simpatia e enriquece a mente com afabilidade. Depois do sofrimento, fica a lembrança do que foi aprendido; isso é sabedoria.

PENSAMENTO PARA A NOITE

Quem admira o outro por seus valores agirá e buscará tê-los dentro de si. Quem ama Jesus por suas virtudes divinas, pratica essas virtudes e também será divino.

Eu pratico a verdade.

PENSAMENTO PARA A MANHÃ

Conscientize-se de que dominar a mente é ter o poder da sabedoria e jamais será privado de liberdade, luz e paz, as guardiãs de seu coração.

Meditação do dia

Viva com ternura e felicidade como convém à dignidade da verdadeira humanidade.

Você não será frágil se praticar o bem e se a mente for protegida por bons pensamentos. A trajetória da vida o ensinará a enfrentar tentação a tentação, dor a dor, injustiça a injustiça. Assim, sua mente não saberá o que é tristeza, apenas felicidade; seu coração não saberá o que é maldade, apenas altruísmo. Mente jubilosa abre caminhos para pensamentos sábios e coração abundante de compaixão. Em você reinará a bondade, que afastará seus inimigos definitivamente. Viva o bem, respire o bem.

PENSAMENTO PARA A NOITE

A constante superação do eu permite conhecer a mente e se conhecer. O autoconhecimento leva a posturas firmes e à mansidão do espírito. Descubra-se.

Eu domino meus ímpetos e procuro ser melhor a cada dia.

PENSAMENTO PARA A MANHÃ

Amar verdadeiramente é respeitar o próximo e a si, o que não deixa espaço para egoísmo, discórdia e ansiedade. O reino do amor traz paz e felicidade.

Meditação do dia

Tudo segue uma ordem e sequência que são determinadas pela lei da causalidade.

Há uma verdade bem conhecida: o erro não resulta do acerto, e um bom presente pode não dar origem a um mau futuro. Portanto, se você tem defeitos, procure eliminá-los. Se você está sofrendo, amenize seu coração. As suas atitudes de hoje serão as responsáveis pelo seu futuro. Mas não se preocupe com ele, apenas com o que pensa e faz, pois aquele cujas ações são o reflexo da harmonia e bondade não precisa temer os males futuros, que são reservados àqueles que ainda não descobriram que o reino divino guarda a felicidade, mas não faz concessões ao egoísmo.

PENSAMENTO PARA A NOITE

Os filhos do reino de Deus *são conhecidos por sua vida*, manifestando os frutos do espírito – "amor, alegria, paz, resignação, bondade, fidelidade, mansidão, temperança e autocontrole".

Eu pratico o amor.

PENSAMENTO PARA A MANHÃ

Todos são bem-vindos ao reino dos céus, mas há um preço a pagar: *o abandono incondicional de si mesmo.*

Meditação do dia

Que sua boca só profira palavras verdadeiras e sinceras.

A tempestade poderá ser furiosa, mas ela não nos afetará se houver paz interior. Assim como ao lado da lareira estamos seguros da tempestade mais violenta, o coração que persevera no conhecimento da verdade permanecerá em paz. Bem-aventurado é aquele que não cometeu erros para se lembrar, nem injúrias para esquecer. Nesses corações puros, pensamentos rancorosos para com os outros não criam raízes nem florescem. No solo do coração germinam apenas as sementes dos bons sentimentos, do comportamento ilibado e da generosidade.

PENSAMENTO PARA A NOITE

A verdade é *que as circunstâncias só o afetarão se você permitir.* Você sofre a influência das circunstâncias porque não compreende verdadeiramente a natureza, a utilidade e o poder do pensamento.

Meus pensamentos são positivos e firmes todos os dias.

PENSAMENTO PARA A MANHÃ

Se você reza por um mundo mais feliz além da morte e espera ansiosamente por ele, pode penetrar nele e tornar realidade esse mundo de felicidade agora.

Meditação do dia

A purificação é necessariamente rigorosa.
Tudo se torna doloroso.

Quando a tempestade amaina e tudo volta à calma, observe como toda natureza parece estar suspensa em um silêncio restaurador. Uma quietude repousante permeia tudo, de tal forma que até os seres inanimados parecem participar da resposta restauradora. Da mesma forma, depois que um desejo violento ou uma explosão repentina de paixão é descarregada, surge um período de reflexão, um momento de serenidade, no qual a mente se recupera e as coisas surgem com seus verdadeiros contornos e proporções corretos. A hora da serenidade é a hora da restauração.

PENSAMENTO PARA A NOITE

Céu e inferno são estados interiores. Experimente o egoísmo e seus prazeres e mergulhará no inferno. Eleve-se acima do seu eu e estará no céu.

Eu me desapego de mim mesmo.

PENSAMENTO PARA A MANHÃ

Solidariedade oferecida nunca será perdida. A compaixão torna o mundo mais leve para o fraco e mais nobre para o forte.

Meditação do dia

Em momentos difíceis de sofrimento,
as pessoas se aproximam mais da verdade.

Quando as lágrimas rolam e o coração sofre, lembre-se da dor do mundo. Quando a tristeza o atinge, lembre-se de que ela atinge a todos, ninguém escapa. Lembre-se de que ela é a maior realidade da vida humana, que torna a religião uma necessidade. Sua dor não é isolada, é somente um fragmento da dor maior do mundo. Ela é a experiência comum a todos. Ao perceber isso, deixe que a dor gradualmente o leve a uma religiosidade mais profunda, a uma compaixão mais ampla, a um olhar mais terno para as pessoas e todas as criaturas.

PENSAMENTO PARA A NOITE

Aquele que já possui o domínio das coisas espirituais nunca será privado de sua fonte de felicidade, e sua espiritualidade o levará à plenitude da alegria.

Eu me esforço para alcançar a plenitude.

21 de janeiro

James Allen

PENSAMENTO PARA A MANHÃ

Que seu coração cresça e expanda cada vez mais no amor, livre de todo ódio, paixão e condenação, e abrace todo o universo com profunda ternura.

Meditação do dia

O estado de não tristeza só é atingido pela tristeza.

Assim como a luz afasta a escuridão e a bonança vem depois da tempestade, também a alegria afasta a tristeza e a paz vem depois do sofrimento. Entre os menores prazeres dos sentidos e a maiores alegrias do espírito está o vale escuro do sofrimento pelo qual passam todos os peregrinos terrenos. A sabedoria profunda que flui da familiaridade com o sofrimento traz consigo uma alegria mais santa e mais duradoura que o entusiasmo superficial, que antecede a tristeza.

PENSAMENTO PARA A NOITE

A mente é o tecelão infalível do destino. O pensamento é o fio, as boas e más ações são a urdidura; a trama e a rede tecida no tear da vida são o caráter.

Eu procuro atravessar o oceano de ilusões.

Meditação e pensamentos para cada dia do ano

22 de janeiro

PENSAMENTO PARA A MANHÃ

Vigie sua mente, sempre nobre, forte e livre, e nada a prejudicará ou dominará, pois, apesar de os seus inimigos estarem em seu coração e em sua mente, neles também está sua salvação.

Meditação do dia

Toda opressão externa nada mais é que a sombra e o efeito da verdadeira opressão interior.

Na felicidade e na infelicidade, na alegria e na tristeza, no sucesso e no fracasso, na vitória e na derrota, na religião, em todas as ocorrências da vida, o fator determinante é o caráter. As causas ocultas de tudo o que diz respeito à vida exterior estão na mente do homem. O caráter é ao mesmo tempo causa e efeito. É ele que executa as ações e se beneficia dos resultados. Céu, inferno, purgatório, estão todos dentro dele. Contrário do caráter impuro e pecador, no caráter virtuoso haverá felicidade e beleza.

PENSAMENTO PARA A NOITE

Sonhos grandiosos o tornarão como eles. Sua visão é a promessa do que você será um dia. Seu ideal é o prenúncio do que você finalmente desvendará.

Eu respeito meus ideais e luto por eles.

PENSAMENTO PARA A MANHÃ

Aquele que vence a dúvida e o medo vence o fracasso, pois aliou o pensamento ao propósito e tornou-se o portador consciente e inteligente de seus poderes mentais.

Meditação do dia

Todo aquele que não se afastar do caminho da santidade, mas superar todas as dificuldades e continuar até o fim, compreenderá a verdade.

Nas grandes dificuldades e quando as preocupações assomam, encare sua perplexidade como um chamado para um pensamento mais profundo e uma ação mais vigorosa. Nenhum problema será tão grande que você não possa resolvê-lo, e vencerá o maior dos desafios. Quanto maior a dificuldade, maior será o teste de força e mais triunfante será a vitória. Por mais intrincado que seja o labirinto de suas perturbações, sempre haverá uma saída, e a descoberta desse caminho exercitará ao máximo os seus poderes, fazendo emergir todas as suas habilidades, energia e recursos latentes.

PENSAMENTO PARA A NOITE

A verdadeira posição do ser humano no cosmos é ser rei, não escravo, um comandante sob a lei do bem, não uma ferramenta inútil a serviço do mal.

Eu busco a retidão e a felicidade.

PENSAMENTO PARA A MANHÃ

A vida triunfante e gloriosa não está reservada para os inteligentes, eruditos ou autoconfiantes, mas para os puros, para os virtuosos e para os prudentes.

Meditação do dia

Não procure a luz nem a bem-aventurança fora de si mesmo; procure-a dentro de você.

Nós progredimos graças a uma série de esforços, adquirimos força mental ou física concentrando energia em determinada direção. Muitas vezes o exercício repetido leva ao poder, assim como o atleta apenas alcança o primeiro lugar do pódio treinando exaustivamente. Quando o exercício acompanha o intelecto, surge um talento incomum que beira à genialidade. Os acontecimentos são maus para a mente que os torna maus, e eles são bons para aqueles que aceitam sua disciplina como salutar.

PENSAMENTO PARA A NOITE

O verdadeiro silêncio não é simplesmente uma língua silente. É uma mente silenciosa. A quietude profunda só é atingida à medida que a pessoa abdica de si mesma.

Eu procuro abdicar de mim mesmo.

PENSAMENTO PARA A MANHÃ

A pessoa sábia evita palavras inúteis, conversa fiada, argumentos vãos e autodefesa. Bem-aventurado é aquele que não precisa ter a última palavra.

Meditação do dia

*Não haverá felicidade em lugar algum se
a impaciência não for sacrificada.*

Desânimo, ansiedade, preocupação e irritabilidade não curam os males que os causam. Eles só agravam os problemas que os provocam. Cultivar um espírito sereno e perseverante é essencial para garantir uma vida frutífera e feliz. As futilidades e as grandes dificuldades que nos preocupam logo se diluem diante de uma mente que não se irrita. Propósitos, desejos, planos e prazeres pessoais se confrontam com controle, recusa e obstáculos. Ao aprender a lidar com esses conflitos com um espírito calmo e sábio, descobrimos a verdade e a felicidade eterna dentro de nosso coração.

PENSAMENTO PARA A NOITE

O desejo é a *avidez pela posse*. A aspiração é a *avidez do coração pela paz*. Então reinará alegria plena, abundância e completa bem-aventurança.

Eu vivo a alegria plena.

PENSAMENTO PARA A MANHÃ

O reino dos céus só poderá ser atingido pela purificação, e isso se consegue por um processo de autoconhecimento, quando a escuridão cederá à luz.

Meditação do dia

A grande bem-aventurança é atingida por aquele que incute em sua mente os pensamentos mais puros e nobres.

Tornamo-nos sábios quando entendemos e nos conscientizamos de que a felicidade está em certos hábitos ou características mentais, e não na posse material ou em determinadas conjunturas. É uma ilusão comum imaginar que goza de perfeita felicidade somente quem possui bens, um pouco mais de dinheiro, um pouco mais de diversão, que tem o talento deste ou a oportunidade daquele, ou quem tem melhores amigos. Pobre de mim! A insatisfação e a miséria dominam esses desejos vãos. Se a felicidade ainda não foi encontrada dentro de você, nunca será encontrada fora.

PENSAMENTO PARA A NOITE

Aquiete-se, minha alma, pois a paz lhe pertence. Seja firme, coração, pois a força divina é sua. Pare de agitar-se, mente, e será seu o repouso eterno.

Eu abdico do meu egoísmo.

27 de janeiro

PENSAMENTO PARA A MANHÃ

Navegando sem rumo pelo oceano da vida em busca de prazeres egoístas, as pessoas enfrentam tempestades e não encontram o profundo silêncio de seu ser.

Meditação do dia

Uma alma terna e feliz é a fruta madura
da experiência e da sabedoria.

Na natureza há uma paciência infinita que vale muito contemplar. Um cometa pode levar milhares de anos para completar sua órbita. O mar pode levar dez mil anos para erodir o solo. Milhões de anos são necessários para a evolução completa da raça humana. Isso bastaria para nos envergonharmos de nossa pressa, descontentamento, frustração e uma valorização ridícula de fatos triviais do cotidiano. A paciência contribui para se atingir a maior glória, os valores mais ricos e a mais profunda paz. Sem ela, a vida perderia boa parte de seu poder, influência e alegria.

PENSAMENTO PARA A NOITE

A meditação focada nos atributos divinos é a verdadeira essência e a alma da oração. O homem silencioso atinge o pináculo da alma na direção do eterno.

Eu me empenho para ter uma
estrutura de sucesso.

PENSAMENTO PARA A MANHÃ

Busque a concretização dos seus objetivos com a força de seu pensamento. Embora pareça um grande esforço, não é difícil, o poder está na mente.

Meditação do dia

Nenhum pensamento puro, nenhuma ação generosa pode frustrar um resultado próspero; cada resultado é uma consumação feliz.

Se hoje o dia está frio e sombrio, isso não é razão para desespero. Não sabemos se pela frente haverá dias quentes e radiantes. Os passarinhos já começam a cantar, e seu trêmulo trinado é um prenúncio da aproximação do amor de uma nova primavera e da dádiva do verão, que ainda é um germe adormecido no útero do dia sombrio, mas cujo nascimento é certo, assim como o seu completo desenvolvimento. Nenhum esforço será em vão. A primavera de todas as suas aspirações está próxima, muito próxima, e o verão de suas ações generosas certamente se cumprirá.

PENSAMENTO PARA A NOITE

Aquele que sabe que o amor está no centro de tudo e crê em sua poderosa força não dará espaço para a condenação em seu coração.

Eu treino minha mente com pensamentos positivos.

29 de janeiro

James Allen

PENSAMENTO PARA A MANHÃ

Tendo o coração em paz, posso contemplar a desonestidade humana com uma calma imperturbável, porque sei que a destruição certa a espera.

Meditação do dia

Todo mal é corretivo e paliativo, portanto, não é permanente.

Por meio de uma sincera autoanálise podemos afirmar, e não simplesmente teorizar, que o mal é uma fase passageira, uma sombra autocriada. Que todas as dores, sofrimentos e desgraças o atingiram pelo efeito de uma lei incorruptível e absolutamente perfeita, porque você mereceu e pediu, e que, primeiro resistindo e depois entendendo isso, pode se tornar mais forte, prudente e nobre. Quando chegar à plena compreensão, estará em condições de mudar as próprias circunstâncias, para transformar todo mal em bem e tecer com a mão de mestre o tecido de seu destino.

PENSAMENTO PARA A NOITE

Esqueça-se completamente de si na tristeza dos outros, na dedicação aos outros, e a divina felicidade o libertará de todo desalento e sofrimento.

Eu cultivo bons pensamentos.

PENSAMENTO PARA A MANHÃ

Quando o agricultor ara, aduba e semeia a terra, sabe que fez tudo o que pôde e que precisará confiar na natureza e esperar paciente o tempo para a colheita.

Meditação do dia

A meditação centrada nos atributos divinos é a verdadeira essência e a alma da oração.

Diga-me quais são seus pensamentos mais frequentes e profundos, para onde sua alma se volta naturalmente em seus momentos de silêncio, e eu lhe direi para que ponto da dor ou da paz você está se dirigindo e se está progredindo na sua identificação com o divino. Há uma inevitável tendência de se tornar, literalmente, a incorporação desse atributo sobre o qual se pensa com mais insistência. Faça com que o objeto de sua meditação seja puro, afastado de pensamentos egoístas, e seu coração se purificará e se aproximará da verdade e não será contaminado pelo pecado.

PENSAMENTO PARA A NOITE

O virtuoso testa e vigia suas paixões e emoções. Dessa forma ele domina sua mente e, aos poucos, conquista a serenidade e alcança a plenitude.

Eu vivo paixões, mas não me deixo dominar por elas.

PENSAMENTO PARA A MANHÃ

Quem oferece a simpatia armazenada no coração jamais está só. Simpatia oferecida é graça recebida; simpatia retida é graça perdida.

Meditação do dia

Se você pensa incessantemente no que é ser puro e generoso, certamente essas características serão as suas virtudes.

Se você reza diariamente pedindo sabedoria, paz, pureza e uma percepção mais completa da verdade, é porque esses atributos ainda estão longe de você; em outras palavras, suas ações não refletem os seus pensamentos. Mudar de atitudes, afastar de sua mente o egoísmo que o impede de possuir os atributos pedidos em suas orações, não pedir mais que Deus lhe conceda o que não merece ou que derrame sobre você aquele amor e compaixão que negou aos outros é o caminho para pensar e agir segundo o espírito da verdade e, em seu tempo, alcançar a dádiva do Senhor.

PENSAMENTO PARA A NOITE

Profunda é a glória daquele que libertou seu coração do ódio e dos desejos impuros e que sem amargura olha para o mundo com compaixão e amor.

Eu sigo o caminho da compreensão.

Fevereiro

1º de fevereiro

James Allen

PENSAMENTO PARA A MANHÃ

Iniciar uma vida de bem-aventurança é pensar e executar corretamente tudo o que fazemos todos os dias, ou seja, recomeçar a vida a cada dia.

Meditação do dia

Os homens permanecem no erro porque não estão preparados para aprender a lição que veio para ensiná-los.

É possível escapar da dor e da tristeza ou de se livrar do mal? A felicidade e a paz duradoura são um sonho tolo? A resposta é: não. Há uma forma pela qual o mal pode ser extirpado para sempre, e eu a proclamo alegremente. Podemos afastar, sem possibilidade de retorno, uma situação ou circunstância adversa e tornar a paz e a bem-aventurança contínuas e duradouras, para que possam ser partilhadas e percebidas. E o início do caminho que leva a essa gloriosa percepção é *não negar, mas ter a capacidade de compreender corretamente a natureza do mal.*

PENSAMENTO PARA A NOITE

Não haverá progresso ou realizações sem sacrifício. O homem somente prosperará se renunciar aos seus confusos pensamentos mundanos.

Eu cultivo pensamentos generosos.

PENSAMENTO PARA A MANHÃ

Somente pensamentos corretos podem suscitar ações corretas. Somente ações corretas podem suscitar uma vida íntegra para alcançar a felicidade.

Meditação do dia

Toda alma atrai o que é seu e nada poderá atingi-la que já não lhe pertença.

Quando entendido corretamente, o mal é considerado não um poder ilimitado ou um princípio do universo, mas uma fase passageira da experiência humana, e assim ele se torna mestre para aqueles que querem aprender. O mal não é um elemento abstrato externo ao eu. Ele é uma experiência no próprio coração. Analisando com paciência e corrigindo seu coração, você descobrirá aos poucos a origem e a natureza do mal que deverá ser completamente erradicado... Não há mal no universo que não seja resultado da ignorância.

PENSAMENTO PARA A NOITE

A paz de espírito é uma das joias mais belas da sabedoria. Uma pessoa torna-se serena à medida que se percebe um ser de pensamento evoluído.

Eu procuro evoluir meus pensamentos todos os dias.

3 de fevereiro

James Allen

PENSAMENTO PARA A MANHÃ

Siga sempre seus mais altos impulsos interiores. Responda à sua voz e luz interior. Persiga seus propósitos com o coração destemido e tranquilo.

Meditação do dia

Seu mundo é o que você é.

Tudo o que você realmente aprende e sabe é fruto da própria experiência, e assim se torna parte de você. Seus pensamentos, desejos e aspirações constituem o seu mundo. Tudo o que existe no universo da beleza, da alegria e da bem-aventurança ou da feiura, da tristeza e do sofrimento, está dentro de você. Seus pensamentos criam ou destroem sua vida, seu mundo, seu universo. À medida que constrói seu interior pela força do pensamento, sua vida e o ambiente em que você vive se moldam na mesma proporção.

PENSAMENTO PARA A NOITE

Procure entender sua missão e assuma-a. Ao seguir seu guia interior, a voz infalível, você caminhará para a vitória e se elevará para patamares mais altos de serenidade.

Eu me apego ao amor e à paciência.

Meditação e pensamentos
para cada dia do ano

4 de fevereiro

PENSAMENTO PARA A MANHÃ

Quando impulsos egoístas e pensamentos vis não mais forem expelidos pela boca e a palavra se tornar serena, sua vida será rica, amorosa e bela.

Meditação do dia

Para aqueles que procuram o bem maior,
tudo ajuda a atingir o fim mais sábio.

Aquele que se apega ao eu é seu próprio inimigo e está cercado deles. Aquele que renuncia a si mesmo é seu próprio salvador e está cercado de amigos como se fosse um cinturão protetor. Diante do esplendor divino de um coração puro, toda escuridão desaparece e todas as nuvens se dissipam. Aquele que dominar a si mesmo conquistará o universo. Você só sairá da mesquinhez, da dor, das dificuldades, das queixas, das mágoas e da solidão se *sair de si mesmo*. Dispa-se da velha roupa esfarrapada do egoísmo mesquinho e vista-se com a roupa nova do amor universal.

PENSAMENTO PARA A NOITE

Quando, no silêncio de sua alma, uma pessoa se veste de humildade e se faz perguntas profundas, descobre quais foram suas falhas.

Eu me dispo do egoísmo todos os dias.

5 de fevereiro

James Allen

PENSAMENTO PARA A MANHÃ

O espírito do amor de Cristo põe fim não só ao pecado, mas também a toda cisão e discórdia.

Meditação do dia

Todas as realizações humanas foram forjadas primeiro em pensamento e, depois, executadas.

Quando as forças do pensamento estão em harmonia com a lei soberana, elas são edificantes e preservadoras, mas quando subvertidas, elas se tornam desagregadoras e autodestrutivas. Ajustar todos os seus pensamentos para ter uma fé perfeita e inabalável na onipotência e superioridade de Deus é cooperar com esse Deus e sentir dentro de si a dissolução e destruição de todo mal. *Creia e viverá.* Este é o verdadeiro significado da salvação. Só se salva da escuridão e da negação do mal aquele que penetra e absorve a luz viva do Deus eterno.

PENSAMENTO PARA A NOITE

Ao abandonar o eu e o pecado, o coração recupera sua alegria imperecível. A felicidade chega preenchendo o coração do eu e habita na serenidade.

Eu sigo os passos da alegria.

PENSAMENTO PARA A MANHÃ

No coração puro não há espaço onde julgamentos e ódios pessoais possam se alojar, porque ele transborda ternura e amor abundantes e não vê o mal.

Meditação do dia

Não há nada que uma fé profunda e um propósito inabalável não possam realizar.

Não é uma tarefa difícil, mas é grandiosa, e se concretizará diante de uma tranquila e poderosa concentração de pensamento. Todo objetivo legítimo tem seu tempo para ser realizado pelo uso e pela orientação inteligente das forças da alma. Até que tenha mergulhado em seu interior e vencido os inimigos que lá se escondem, você não terá ideia, nem sequer aproximada, da força sutil do pensamento, de sua inseparável relação com o mundo exterior e material, ou de seu poder mágico, quando devidamente preparado e orientado, para reformular e transformar os aspectos de sua vida.

PENSAMENTO PARA A NOITE

O homem só começa a ser homem quando deixa de se lamentar e blasfemar e começa a buscar a justiça interior que rege sua vida.

Eu me concentro em bons pensamentos.

7 de fevereiro

PENSAMENTO PARA A MANHÃ

Somente quando o homem conseguir não ver o mal nos outros estará livre do pecado, do sofrimento e da tristeza. Seu coração será apenas compaixão.

Meditação do dia

Só está preparado para comandar e controlar aquele que consegue comandar e controlar a si mesmo.

Para ter capacidade de superação é preciso cultivar o equilíbrio, a passividade e ser capaz de estar só. Todo poder está associado à imobilidade. A montanha, a rocha, o carvalho açoitado pela tempestade lembram-nos da força, por causa da associação entre a grandiosidade solitária e a estabilidade desafiadora. Ao contrário, a areia, o galho e o junco ondulantes nos remetem à fraqueza por causa de sua mobilidade e pouca resistência, além de serem inúteis quando separados de seu todo. O homem forte é aquele que, quando seus companheiros são dominados pela emoção, continua calmo e imóvel.

PENSAMENTO PARA A NOITE

Os ensinamentos de Jesus nos remetem à verdade simples de que a virtude, ou *fazer o bem*, é uma questão de conduta individual, não algo místico, distante dos pensamentos e das ações humanas.

Eu vou em busca de ensinamentos.

PENSAMENTO PARA A MANHÃ

Como um ser de poder, inteligência, amor e senhor dos próprios pensamentos, o homem tem a chave que abre todas as portas.

Meditação do dia

Egoísmo é autodestruição.

O homem se faz ou não se faz por si mesmo. É no arsenal de seus pensamentos que ele cria as armas da própria destruição. Ele também forja as ferramentas com as quais constrói para si a mansão celestial de alegria, força e paz. Pela escolha certa e pela aplicação correta do pensamento, o homem ascende à perfeição divina. Pelo abuso e aplicação errada do pensamento, ele se degrada abaixo do nível animal. Entre esses dois extremos estão todos os tipos de caráter, e o homem é seu criador e senhor.

PENSAMENTO PARA A NOITE

Toda alma atrai o que merece e nada que já não lhe pertença poderá atingi-la. Entender isso é reconhecer a universalidade da lei divina.

Eu confio no poder divino.

9 de fevereiro

James Allen

PENSAMENTO PARA A MANHÃ

Quem caminha com passos firmes a estrada da conquista e da autopurificação, apoiado na fé, colherá alegrias, felicidade e a suprema prosperidade.

Meditação do dia

Amor perfeito é poder perfeito.

O coração amoroso e sábio comanda sem precisar ser autoritário. Todos obedecem a quem obedece ao mais alto. Ele pensa e pronto! Acontece. Ele fala e é admirado. Um mundo paira sobre suas declarações mais simples. Ele harmoniza seus pensamentos com forças imperecíveis e invencíveis, e para ele não existe fraqueza nem incerteza. Cada pensamento tem um propósito. Cada ato é uma conquista. Ele age de acordo com a lei maior, sem impor a insignificância de sua vontade pessoal. Assim, torna-se um canal pelo qual o poder divino pode fluir de forma livre e benéfica.

PENSAMENTO PARA A NOITE

São as forças do pensamento silencioso e vitorioso que fazem tudo se manifestar. O universo evoluiu a partir do pensamento.

Eu pratico o bem.

PENSAMENTO PARA A MANHÃ

Cultive bons pensamentos e eles se concretizarão rapidamente em sua vida exterior, na forma de bem-aventurança e glória.

Meditação do dia

Aquele que realmente procura a verdade deve estar disposto a fazer o esforço necessário para encontrá-la.

Primeiramente, a meditação não pode ser confundida com *devaneio ocioso*. Não há nada de sonhador e impraticável na meditação. Ela é um processo *de busca e de pensamento descomprometido que não permite que nada exista senão a verdade simples e nua.* Por isso, meditando você não precisa mais se esforçar para vencer os preconceitos que acumulou, pois ao esquecer-se do eu se lembrará apenas de que está em busca da verdade. Dessa maneira eliminará, um a um, os erros que acumulou no passado e esperará pacientemente pela revelação da verdade.

PENSAMENTO PARA A NOITE

Que tudo o que você quiser ser e espera ser, seja agora. A não realização está no adiamento contínuo.

Eu busco meu ideal todos os dias.

PENSAMENTO PARA A MANHÃ

Seja como a flor, feliz por existir, por aumentar sua delicadeza a cada dia. Se você não se aperfeiçoar no conhecimento, aperfeiçoe-se no amor.

Meditação do dia

Assim como a flor abre suas pétalas para receber a luz da manhã, abra também a sua alma para a luz gloriosa da verdade.

Meditação espiritual e autodisciplina são inseparáveis. Por isso, comece a meditar sobre si mesmo, para se testar e entender seu eu e para lembrar-se de que seu objetivo maior é a extinção completa de todos os seus erros. Só assim poderá entender a verdade. Você começará a questionar suas motivações, seus pensamentos e suas ações, comparando-os com seu ideal, e se esforçará para lançar sobre eles um olhar benevolente e imparcial. Somente assim poderá atingir o equilíbrio mental e espiritual, sem o qual o homem é apenas um graveto inútil perdido na floresta da vida.

PENSAMENTO PARA A NOITE

A lei maior nunca engana ninguém sobre o que lhe é devido. A vida humana, quando corretamente vivida, é de uma simplicidade maravilhosa.

Eu pratico a autodisciplina.

PENSAMENTO PARA A MANHÃ

Aquele que começa reto e continua reto não precisa desejar e procurar resultados auspiciosos. Eles já estão próximos. São apenas consequências.

Meditação do dia

A causa é o começo e, por isso, precisa ser seguida por um efeito.

A natureza do impulso inicial sempre determinará a forma de seus resultados. Um início pressupõe um fim, uma consumação, uma realização, uma meta. Uma porta leva a um caminho, e o caminho leva a um determinado destino. Portanto, o começo leva a resultados, e os resultados levam à conclusão. Há formas certas e erradas de começar, que são seguidas pelos efeitos de mesma natureza. O pensamento cauteloso permite evitar começar errado e escolher iniciar pelo certo, para evitar os maus resultados e aproveitar os bons.

PENSAMENTO PARA A NOITE

O ser humano é o senhor de seu pensamento, o criado, escultor e modelador de seu caráter, do ambiente e do destino.

Eu renuncio.

PENSAMENTO PARA A MANHÃ

Assim como a escuridão é uma sombra passageira e a luz é a essência que permanece, o sofrimento é efêmero, mas a alegria permanece para sempre.

Meditação do dia

A sabedoria é inerente aos detalhes comuns da existência cotidiana.

Tudo o que existe no universo é feito de pequenas coisas, e a perfeição do divino se baseia na perfeição do pequeno. Se qualquer detalhe do universo fosse imperfeito, o todo seria imperfeito. Se qualquer partícula fosse omitida, o conjunto deixaria de existir. Sem um grão de poeira, não haveria o mundo, e o todo é perfeito porque o grão de poeira é perfeito. Desprezar o pequeno é confundir o grande. A gota de orvalho é tão simétrica quanto um planeta. Colocando pedra sobre pedra, aprumando e encaixando cada uma com perfeição, no final toda beleza arquitetônica do templo será revelada.

PENSAMENTO PARA A NOITE

A única e suprema utilidade do sofrimento é purificar, apagar tudo o que é inútil e contaminado pelo mal. Para o puro, não há sofrimento.

Eu busco a luz e a sabedoria.

PENSAMENTO PARA A MANHÃ

Aquele que controla a si mesmo, controla sua vida, as circunstâncias e seu destino. Por onde vai, carrega consigo a felicidade como um bem duradouro.

Meditação do dia

Desprezar pequenas tarefas ou executá-las de forma superficial é sinal de fraqueza e insensatez.

A pessoa nobre sabe o enorme valor inerente dos momentos, palavras, saudações, alimento, vestuário, correspondência, repouso, trabalho, esforços despendidos, obrigações passageiras, das pequenas mil e uma ações que exigem sua atenção. Para ela, tudo é distribuído de acordo com a vontade divina, e ela, por sua vez, só precisa aplicar o pensamento e executar ações desapegadas para tornar a vida abençoada e perfeita. Ao se dedicar incondicionalmente aos deveres mais imediatos, as pessoas chegam à perfeita combinação entre a simplicidade infantil e a força inconsciente, que é a glória.

PENSAMENTO PARA A NOITE

Ao solucionar o mistério da vida, atingiremos a pureza. Estaremos seguros quando estivermos livres do ódio, da luxúria e da discórdia.

Eu me dedico ao que faço.

PENSAMENTO PARA A MANHÃ

Se as pessoas entendessem que o ódio e o ressentimento destroem a própria paz e felicidade, praticariam boas ações que não resultassem em destruição.

Meditação do dia

Aquele que controla o pequeno, torna-se
o verdadeiro dono da grandeza.

O tolo pensa que pequenos erros, indulgências e pecados são inconsequentes. Ele se convence de que, desde que não cometa imoralidades flagrantes, ele é imaculado e até santo. Mas ao pensar dessa forma ele se priva da virtude e da santidade, e é assim que o mundo o vê. O mundo não o reverencia, mas o ignora. Seu valor é desprezado, e sua influência destruída. Seus esforços para tornar o mundo virtuoso são ocos e infrutíferos. A insignificância que ele atribui a seus pequenos vícios permeia todo o seu caráter e é a medida de sua humanidade.

PENSAMENTO PARA A NOITE

Adorar Jesus por suas virtudes é um grande passo para a verdade, mas praticar essas virtudes é a própria verdade.

Eu pratico virtudes.

PENSAMENTO PARA A MANHÃ

Quando o homem entender que toda vida se origina da mente, o caminho da bem-aventurança se abrirá para ele.

Meditação do dia

A verdade está presente nos detalhes mais ínfimos.

Assim como o ano é formado por determinada sequência de dias, também o caráter e a vida do homem são marcados por uma sequência de pensamentos e ações. Quando o todo é completado, cada parte deixa sua marca. Pequenas gentilezas, generosidades e sacrifícios formam um caráter bom e generoso. O homem honesto é honesto até nos detalhes da vida. O homem nobre é nobre em todos os pequenos fragmentos que une e pode escolher viver cada fragmento dignamente; assim, não haverá resquício de improbidade quando o todo estiver completo.

PENSAMENTO PARA A NOITE

Pela superação contínua, o homem conhece os meandros sutis de sua mente, e esse conhecimento divino lhe permite consolidar sua serenidade.

Eu vivo os pequenos momentos.

PENSAMENTO PARA A MANHÃ

No reino do amor não há nem discórdia nem egoísmo. Só há a perfeita harmonia, o equilíbrio e o repouso.

Meditação do dia

Pela própria natureza, a verdade é inefável e só pode ser vivida.

A verdade é a única realidade do universo, a harmonia interna, a justiça perfeita, o amor eterno. Não há mais nada a acrescentar ou retirar dela. Ela não depende de ninguém, mas todos dependem dela. Você não conseguirá entender a beleza da verdade enquanto olhar com os olhos do eu. Se você é lascivo, seu coração e sua mente estarão encobertos pela fumaça e pelas chamas da paixão, que distorcerão sua visão. Se você é orgulhoso e opinativo, não verá nada no universo senão a magnitude e a importância de suas opiniões. Aquele que humildemente ama a verdade aprendeu a distinguir a diferença entre *opinião* e *verdade*.

PENSAMENTO PARA A NOITE

Os filhos do reino do amor *são conhecidos por sua vida* e manifestam os frutos do espírito: alegria, paz, resignação, bondade e autocontrole.

Eu manifesto meus bons sentimentos.

PENSAMENTO PARA A MANHÃ

O evangelho de Jesus é uma doutrina de *vida e obras*. Se não fosse assim, Ele não proclamaria a verdade eterna. Seu templo é a *conduta purificada*.

Meditação do dia

Só existe uma religião, a religião da verdade.

Se você examinar silenciosamente sua mente, coração e conduta, saberá facilmente se é filho da verdade ou adorador de si mesmo. Você guarda pensamentos de desconfiança, inimizade, inveja, luxúria, orgulho, ou combate de forma enérgica todos eles? Se seus pensamentos são como os primeiros, você é prisioneiro do eu, independentemente da religião que professa. Se seus pensamentos são nobres, você é candidato à verdade, mesmo que externamente não professe nenhuma religião.

PENSAMENTO PARA A NOITE

Eu afirmo como verdadeiro *que as circunstâncias só o afetarão se você permitir*. Compreenda verdadeiramente a natureza, a utilidade e o poder do pensamento.

Eu renuncio a mim mesmo.

PENSAMENTO PARA A MANHÃ

Quando as pessoas disserem que Ele está aqui ou Ele está ali, não as siga, porque o reino de Deus está em você.

Meditação do dia

Aquele que resiste à tentação e desperta não sucumbe ao seu desejo.

A tentação ronda o ambicioso até ele atingir a consciência divina, e além dessa fronteira a tentação não o persegue mais. Quando ele começa a ter ambição, começa a ser tentado. A ambição desperta todo bem e todo mal que estão latentes nele, para que ele possa ser completamente revelado para si mesmo, pois o homem não se supera a menos que se conheça muito bem. O desejo animal e o prazer são o estado normal do homem que ainda não chegou à aspiração. Ele não deseja nada além de seus prazeres mundanos e está satisfeito. Esse homem não pode ser tentado a cair porque ele ainda não se elevou.

PENSAMENTO PARA A NOITE

Se você se desapegar de si mesmo e se colocar a serviço do próximo, a felicidade virá na mesma proporção, e você colherá os frutos da bem-aventurança.

Eu zelo pelo próximo.

PENSAMENTO PARA A MANHÃ

Empatia oferecida nunca é perdida. A compaixão torna o mundo mais leve para o fraco e mais nobre para o forte.

Meditação do dia

Se quiser conhecer a verdade, o homem precisa primeiro conhecer-se.

É preciso que o tentado saiba que ele também é tentador e que os inimigos estão todos dentro dele. Os bajuladores que seduzem, as provocações que apunhalam, as chamas que queimam, tudo é uma decorrência da ignorância interior e do erro em que ele viveu até agora. Sabendo disso, o homem vencerá completamente o mal. Por isso, quando ele for fortemente tentado, não permita que ele se lamente, mas que possa se regozijar, porque sua força foi testada e sua fraqueza exposta. Pois, aquele que realmente conhece sua fraqueza e humildemente a reconhece, terá pressa em adquirir força.

PENSAMENTO PARA A NOITE

As companhias, os prazeres e o conforto material são agradáveis, mas são mutáveis e desaparecem. A pureza, a prudência e o conhecimento da verdade são imutáveis e nunca desaparecem.

Eu busco a paz.

21 de fevereiro — *James Allen*

PENSAMENTO PARA A MANHÃ

Não se apropriar da dor da paixão significa viver em harmonia consigo e com o próximo.

Meditação do dia

Procure diligentemente os caminhos da santidade.

Aquele que abdica de si mesmo não renuncia simplesmente às coisas terrenas, ele renuncia ao pecado interior, ao erro interior. Não é se despindo da futilidade, renunciando à riqueza, abstendo-se de certos alimentos, nem pronunciando palavras suaves, que você encontrará a verdade, mas sim abdicando do ódio e do espírito da vaidade, renunciando ao desejo de riqueza, da luxúria e da satisfação exagerada, abstendo-se da discórdia, da condenação e do egoísmo e tornando-se bondoso e de coração puro.

PENSAMENTO PARA A NOITE

A mente se enfeita com os adereços que ela mesma confecciona. A mente é o árbitro da vida. É ela que cria e molda as circunstâncias e se beneficia dos resultados.

Eu cultivo o coração livre de ódio.

*Meditação e pensamentos
para cada dia do ano*

22 de fevereiro

PENSAMENTO PARA A MANHÃ

Vigie bem sua mente, mantenha-a nobre, forte e livre, e nada a prejudicará, perturbará ou dominará, pois todos os seus inimigos estão em seu coração e mente, onde está também sua salvação.

Meditação do dia

*Aquele que deixa de ser escravo da paixão torna-se
o mestre que constrói o templo do destino.*

O homem começa a desenvolver sua força quando, ao verificar seus impulsos e suas inclinações egoístas, volta-se para a consciência mais elevada e serena dentro de si e começa a se apoiar em um princípio. A identificação de princípios imutáveis na consciência é a fonte e o segredo do poder mais alto. Quando, depois de muito procurar, sofrer e se sacrificar, a luz de um princípio eterno brilha na alma, sobrevém uma serenidade divina e uma alegria indescritível invade seu coração.

PENSAMENTO PARA A NOITE

Sua realidade pode não ser satisfatória, mas ela pode mudar se você encontrar um ideal e se esforçar para alcançá-lo.

Eu vigio a minha mente.

PENSAMENTO PARA A MANHÃ

O pensamento corajosamente aliado ao propósito torna-se uma força criativa, capaz de abrir e desvendar caminhos antes ocultos pela desesperança.

Meditação do dia

São poucas as pessoas que realmente têm poder e influência.

Se o homem se entrega aos prazeres materiais, é fácil para ele convencer-se de que acredita nos princípios da paz, da fraternidade e do amor universal e lhes obedece. Mas quando seus prazeres são ameaçados, ou imagina que são, ele começa a esbravejar e mostra que acredita na discórdia, no egoísmo e no ódio, e os valoriza. Aquele que não abandona seus princípios quando é ameaçado de perder seus bens materiais, até sua reputação e a vida, é um homem forte. É o homem cujas palavras permanecem, é o homem a quem o pós-mundo honra, reverencia e adora.

PENSAMENTO PARA A NOITE

Aquele que deseja ter uma mente tranquila, sábia e receptiva se envolve nas mais sublimes das missões que o homem pode assumir.

Eu me desvio da fraqueza.

PENSAMENTO PARA A MANHÃ

A vida triunfante não está reservada aos inteligentes, nem aos eruditos, nem aos autoconfiantes, mas aos puros, aos virtuosos e aos prudentes.

Meditação do dia

*É somente na solidão que o homem
realmente se revela a si mesmo.*

A essência do homem está dentro dele, invisível, espiritual, e é daí que emana sua vida, sua força – de seu interior, não do exterior. O mundo exterior é o canal pelo qual suas energias são gastas, e para se renovar é preciso voltar à introspecção e ao silêncio. À medida que o homem procura afogar esse silêncio nos prazeres ruidosos dos sentidos e viver os conflitos das atribulações terrenas, ele vive as experiências da dor e da tristeza que, ao se tornarem intoleráveis, o conduzem finalmente de volta aos pés do consolador interior, para o santuário pacífico de sua solidão.

PENSAMENTO PARA A NOITE

Para ser poderoso, o silêncio precisa envolver a mente de modo completo, precisa penetrar em cada canto do coração e precisa ser o silêncio da paz.

Eu venço a mim mesmo todos os dias.

25 de fevereiro

PENSAMENTO PARA A MANHÃ

O tolo tagarela, bisbilhota e fala muito. Vangloria-se de dizer a última palavra e calar o oponente. Feliz é aquele que não se preocupa em dizer a última palavra.

Meditação do dia

Não pare, não descanse, até que a mais íntima veste de sua alma esteja livre de qualquer mancha.

Pense no princípio do amor divino e medite sobre ele tranquila e diligentemente com o objetivo de compreendê-lo de maneira plena. Faça com que sua luz ilumine todos os seus hábitos, ações, palavras e relacionamentos com o próximo e todos os seus pensamentos e desejos secretos. Quando conseguir vislumbrar a majestade incomparável desse princípio eterno, você se libertará da fraqueza, do egoísmo e da imperfeição e seguirá esse amor, até renunciar a todos os elementos dissonantes e estar em perfeita harmonia com ele.

PENSAMENTO PARA A NOITE

Meditação. Entendê-la é a visão beatífica. Conhecê-la é a bem-aventurança beatífica. Aqueles que a entendem e a conhecem estão em paz e serão felizes.

Eu carrego a harmonia dentro de mim.

PENSAMENTO PARA A MANHÃ

A escuridão só cessa quando surge a luz; a ignorância só se dissipa pelo conhecimento, e o egoísmo, pelo amor.

Meditação do dia

Na solidão, o homem reúne forças para enfrentar as agruras e as tentações da vida.

Assim como o corpo precisa de repouso para recuperar as forças, o espírito também precisa de solidão para renovar as energias. A solidão é tão indispensável ao bem-estar espiritual do homem quanto é o sono para seu bem-estar físico. Os pensamentos puros ou a meditação evocada na solidão são para o espírito o que a atividade é para o corpo. Como um ser espiritual, o homem não consegue manter sua força, retidão e paz, a menos que de tempo em tempo se retire do mundo exterior e chegue interiormente às realidades eternas e imperecíveis.

PENSAMENTO PARA A NOITE

Aquiete-se, alma, pois a paz lhe pertence. Seja firme, coração, pois a força divina lhe pertence. Pare de se agitar, mente, e encontrará o repouso eterno.

Eu pratico a solidão da mente.

27 de fevereiro

PENSAMENTO PARA A MANHÃ

A busca incessante por companhia, felicidade e novas emoções não permite que as pessoas se familiarizem com a paz e o repouso.

Meditação do dia

O amor humano é o reflexo do amor divino.

As pessoas apegadas ao eu e às sombras miseráveis do mal têm o hábito de pensar no amor divino como um amor que pertence a um Deus fora de seu alcance, fora de si mesmas, e que assim deve permanecer para sempre. De fato, o amor de Deus está sempre além do alcance do eu, mas, quando o coração e a mente não estão ocupados pelo eu, o amor generoso, o amor supremo, o amor que é de Deus ou do bem se torna uma realidade interior e eterna. O amor não só salva a alma do pecado como também a eleva acima do poder da tentação.

PENSAMENTO PARA A NOITE

A meditação é a profunda incorporação, em pensamento, de uma ideia ou tema com o objetivo de compreendê-lo em sua inteireza.

Minha mente está focada em generosidade.

PENSAMENTO PARA A MANHÃ

Começar todos os dias de maneira dedicada, íntegra, com o coração aberto para o que se apresentar, fará com que seu dia e sua vida se tornem mais fáceis.

Meditação do dia

O homem precisa aprender a ficar sozinho.

Se o homem não encontra a paz dentro de si, onde poderá encontrá-la? Se ele teme estar sozinho consigo mesmo, que firmeza encontrará na companhia de alguém? O homem que ainda não encontrou dentro de si nada em que possa se apoiar, nunca encontrará um lugar de repouso constante. Externamente, tudo é mudança, decadência e insegurança. Internamente, tudo é certeza e bem-aventurança. A alma basta a si mesma. Onde houver necessidade, haverá abundante provisão. Sua morada eterna está dentro de você.

PENSAMENTO PARA A NOITE

No coração daquele que sabe que o amor está no centro de tudo e crê na poderosa força do amor, jamais haverá espaço para a condenação.

Que eu seja completo com a poderosa força do amor.

PENSAMENTO PARA A MANHÃ

Em qualquer *situação, faça o que acredita que é certo*. Creia que o poder divino, inerente ao universo, nunca o abandonará e você estará sempre protegido.

Meditação do dia

Encontre seu centro de equilíbrio e será fácil ficar sozinho.

Até conseguir estar sozinho, não procure orientação nos espíritos ou nos mortais, nem nos deuses ou nos homens, mas oriente-se pela luz da verdade de seu interior. Você não é prisioneiro, nem livre, nem abençoado. Mas não confunda orgulho com autoconfiança. Ninguém depende mais dos outros do que o orgulhoso, pois a sua felicidade é dos outros. O homem autoconfiante não se apoia no orgulho pessoal, mas na lei, no princípio, no ideal, na realidade duradoura que existe dentro de si. Sobre essa base, ele se equilibra e se recusa a se deixar arrastar de sua posição firme pela paixão interna ou pela opinião externa.

PENSAMENTO PARA A NOITE

Dedique-se ao bem-estar do próximo. Esqueça-se de si mesmo em tudo o que faz. Esse é o segredo da felicidade abundante.

Eu me vigio para não ser tomado pelo egoísmo.

Março

1º de março

PENSAMENTO PARA A MANHÃ

É importante pensar que todos os dias podem ser considerados o começo de uma nova vida, quando podemos rever erros e acertos e refletir sobre eles.

Meditação do dia

A mente se enfeita com os adereços que ela mesma confecciona.

A vida é como o coração. O interior está continuamente se tornando o exterior. O que está escondido é temporário. Ele amadurece e finalmente surge. Semente, árvore, brotos e frutos são a ordem quádrupla do universo. O estado do coração do homem determina as condições de sua vida. Seus pensamentos florescem em ações, e suas ações produzem os frutos do caráter e do destino. A vida sempre se revela a partir do interior, e revelando-se para a luz os pensamentos concebidos no coração finalmente se transformam em palavras, ações e tarefas realizadas.

PENSAMENTO PARA A NOITE

Quanto mais o homem elevar seus pensamentos, mais íntegro se tornará, maior será seu sucesso e mais abençoadas e duradouras serão suas conquistas.

Eu elevo meus pensamentos.

PENSAMENTO PARA A MANHÃ

A pessoa é a mente, e quanto mais ela utiliza a ferramenta do pensamento e modela o que deseja, mais surgem infinitas alegrias, infinitos males.

Meditação do dia

Não há trabalho mais nobre ou ciência mais avançada que a autoperfeição.

Quando o homem entender que toda vida procede da mente, o caminho da bem-aventurança se abrirá para ele. E então ele descobrirá que tem o poder de dominar a mente e moldá-la de acordo com seu ideal. Ele escolherá trilhar firme e decididamente os caminhos sempre louváveis do pensamento e da ação. Sua vida se tornará bela e sagrada, e cedo ou tarde ele afugentará o pecado, a perturbação e o sofrimento, porque é impossível o homem ser privado da libertação, da iluminação e da paz que diligentemente vigiam a porta de seu coração.

PENSAMENTO PARA A NOITE

A paz de espírito é uma das joias mais belas da sabedoria. Uma pessoa torna-se serena à medida que se percebe um ser de pensamento evoluído.

Eu escolho trilhar o caminho louvável do pensamento e da ação.

PENSAMENTO PARA A MANHÃ

Saiba que as leis do universo nunca falham e que o que é seu voltará para você com precisão matemática. Isso é ter fé, é viver a fé.

Meditação do dia

*Um pensamento repetido constantemente
acaba se tornando um hábito.*

Está na natureza da mente adquirir conhecimento pela repetição de suas experiências. Um pensamento de início muito difícil de conceber e praticar, no fim, torna-se natural e habitual se for constantemente mantido na mente. Da mesma forma que um jovem quando começa a aprender um ofício não consegue manipular as ferramentas com precisão, muito menos utilizá-las da maneira adequada, mas depois de repetição e prática passa a dominá-las com facilidade e perfeita habilidade, assim também é o estado mental. A base da salvação do homem está no poder de sua mente de formar e reformular hábitos e situações.

PENSAMENTO PARA A NOITE

Caminharei para onde a saúde, o sucesso e o poder esperam por mim. Se eu me agarrar ao amor e à paciência, finalmente verei a terra da imortalidade.

Eu pratico a fé.

PENSAMENTO PARA A MANHÃ

Seja sempre fiel ao seu eu divino. Acredite que o futuro lhe mostrará a necessidade de cada pensamento e esforço.

Meditação do dia

Todo pecado pode ser superado.

A vida do homem procede totalmente de sua mente, uma combinação de hábitos que, com esforço persistente, ele pode modificar em qualquer sentido e à qual pode ter total ascendência e controle. Se o homem entender isso, ele terá a chave de sua completa libertação. Mas a libertação dos males da vida (que são os males da mente) é uma questão de crescimento contínuo a partir do interior, não uma aquisição repentina vinda do exterior. A cada momento diário, a mente precisa ser treinada para conceber pensamentos puros e adotar atitudes corretas e desapaixonadas, até forjar com base nelas o ideal de seus sonhos mais sagrados.

PENSAMENTO PARA A NOITE

Começar bem o dia significa que ele será repleto de uma alegria contagiante que invadirá seu lar com um efeito luminoso e um espírito forte.

Eu treino minha mente.

5 de março

James Allen

PENSAMENTO PARA A MANHÃ

Quando o homem descobre a vida no amor, ele se entrega incondicionalmente ao espírito do amor e vive o sentimento em tudo ao seu redor.

Meditação do dia

As virtudes mais elevadas não serão conhecidas sem a execução correta do dever.

Toda obrigação deveria ser considerada sagrada, e sua execução devotada e abnegada deveria ser uma das principais regras de conduta. Todas as considerações pessoais e egoístas deveriam ser eliminadas e rejeitadas da execução do dever. Quando isso é feito, o dever deixa de ser cansativo e torna-se prazeroso. O dever só é cansativo para aquele que anseia por prazeres egoístas ou tira proveito para si mesmo. Que o homem que se queixa do peso de suas obrigações olhe para si mesmo e descubra que seu cansaço decorre não do dever em si, mas do desejo egoísta de escapar dele.

PENSAMENTO PARA A NOITE

A alegria não permanece com o egoísta. Ela é fiel ao amor e ao coração destemido e tranquilo.

Eu estou comprometido com o amor.

PENSAMENTO PARA A MANHÃ

Somente quando o homem conseguir não ver o mal nos outros estará livre do pecado, do sofrimento e da tristeza.

Meditação do dia

O homem é o executor das próprias ações;
como tal, ele molda o próprio caráter.

Tudo o que acontece ao homem é reflexo de si mesmo. Que o destino que o perseguiu, do qual ele não conseguiu escapar ou não conseguiu evitar pela oração, seja o incansável demônio dos próprios erros, que exigem e impõem reparação. Que as bênçãos e maldições que o atingem involuntariamente sejam os ecos dos sons que ele mesmo emitiu. O homem está envolvido em uma sequência de causação. Sua vida é formada por causas e efeitos. Ela semeia e colhe. Cada ato seu é a causa que precisa ser equilibrada por seus efeitos. Ele escolhe a causa, mas não pode escolher, alterar ou evitar o efeito.

PENSAMENTO PARA A NOITE

O homem só começa a ser homem quando deixa de se lamentar e blasfemar e vai em busca da justiça interior que rege sua vida.

Eu busco uma vida sem rancor.

7 de março

James Allen

PENSAMENTO PARA A MANHÃ

É você quem escolhe seus pensamentos e ações, define seu estado de ânimo e tem o poder de ser o que quiser. Você constrói a verdade e o amor ou a mentira e o ódio.

Meditação do dia

Toda forma de infelicidade brota de uma mente corrompida.

O pecado é ignorância, escuridão e a decadência da alma. Quem pensa errado e age errado é como o aluno ignorante que age dessa forma na escola da vida. Ele ainda precisa aprender a pensar e agir corretamente, ou seja, de acordo com a lei. O bom aluno que aprende na escola não se alegra quando faz as lições erradas. A infelicidade permanece enquanto o pecado não for vencido. A vida é uma sequência de lições. Algumas pessoas as aprendem diligentemente e tornam-se puras, sábias e felizes. Outras são negligentes, não se esforçam e continuam indignas, tolas e infelizes.

PENSAMENTO PARA A NOITE

Os ensinamentos de Jesus nos remetem à verdade simples de que a virtude é uma questão unicamente de conduta individual, não algo místico distante dos pensamentos e das ações humanas.

Eu busco viver uma vida sem raiva.

PENSAMENTO PARA A MANHÃ

Como um ser de poder, inteligência, amor e senhor dos próprios pensamentos, o homem tem a chave que abre todas as portas.

Meditação do dia

Para encontrar a paz é preciso abandonar a paixão.

O egoísmo ou a paixão não subsiste apenas nas formas grosseiras de ambição e situações manifestamente desregradas da mente. Ele também informa cada pensamento com sutileza, conectado com a aceitação e a glorificação do eu. Ele é mais enganador e sutil quando obriga alguém a apontar o egoísmo dos outros, a acusá-los de serem egoístas e falar sobre ele. Não é acusando os outros que deixaremos de ser egoístas, mas purificando nossos corações. Não se percorre o caminho da paixão para a paz lançando acusações dolorosas contra o próximo, mas superando o seu eu.

PENSAMENTO PARA A NOITE

Todas as noites devem ser de agradecimento. Reconhecer ganhos e perdas de cada dia é o caminho para o crescimento espiritual.

Eu agradeço todas as noites pelo dia que tive.

9 de março
James Allen

PENSAMENTO PARA A MANHÃ

Aquele que conquistar a si mesmo terá conquistado o universo.

Meditação do dia

Aspiração: o arrebatamento dos santos.

Nas asas da aspiração o homem se eleva da terra para o céu, da ignorância para o conhecimento, das trevas para a luz. Sem elas, permanece um animal rastejante, terreno, lascivo, ignorante e sem inspiração. A aspiração é o anseio pelo que é celestial: por justiça, compaixão, pureza, amor; mas diferente do desejo, que é o anseio pelo que é terreno: por posse egoísta, domínio pessoal, satisfações sensuais. Quando uma pessoa começa a aspirar, significa que ela está insatisfeita com sua situação inferior e aspira por uma situação mais alta. Ela despertou do sono letárgico da animalidade e almeja conquistas mais nobres e uma vida mais plena.

PENSAMENTO PARA A NOITE

Treine sua língua no silêncio e no discurso verdadeiro e irrepreensível. Assim, seguirá pelo caminho da santidade e da paz.

Eu caminho firme para a vitória.

PENSAMENTO PARA A MANHÃ

Qualquer que seja sua posição na vida, você precisa aprender a concentrar a força do pensamento para cultivar a serenidade e o repouso.

Meditação do dia

Aquele que ama a vida pura renova sua mente diariamente com o brilho revigorante da aspiração.

Quando o arrebatamento da aspiração chega à mente, ela de imediato o refina e a escória de suas impurezas começa a desaparecer. Sim, enquanto a aspiração permanece na mente, as impurezas não entram, porque o impuro e o puro não podem ocupar o pensamento ao mesmo tempo. Mas o esforço da aspiração é antes de tudo espasmódico e de curta duração. A mente volta ao erro habitual e precisa ser constantemente renovada. Ter sede de justiça e fome de vida pura é o caminho certo para a sabedoria, o esforço certo para a paz e é o devido princípio para o caminho divino.

PENSAMENTO PARA A NOITE

Repita para si mesmo: "Vou viver meu ideal agora. Vou manifestar meu ideal agora. Serei meu ideal agora e não terei ouvidos para tudo o que tentar me afastar dele".

Eu vivo meu ideal.

11 de março

James Allen

PENSAMENTO PARA A MANHÃ

Àquele que escolhe a bondade, sacrificando tudo, será dado o que houver de maior e melhor no universo.

Meditação do dia

O erro é removido. O ouro da verdade permanece.

A transmutação espiritual consiste em uma completa inversão nas atitudes comuns de autoconhecimento da mente em relação ao homem e ao ambiente, e essa inversão produz um conjunto de experiências completamente novas. Assim, o desejo por determinado prazer é abandonado, ceifado na origem e proibido de ocupar qualquer lugar na consciência. Mas a força mental que esse desejo representou não é anulada, ela é transferida para uma região mais alta do pensamento, transmutada em uma forma de energia mais pura. A força cancelada em direções inferiores é liberada em reinos mais elevados da atividade espiritual.

PENSAMENTO PARA A NOITE

Treine sua mente com pensamentos fortes, imparciais e gentis. Treine seu coração na pureza e na compaixão e alcançará a simplicidade plena do amor.

**Eu busco a simplicidade.**

PENSAMENTO PARA A MANHÃ

Cada um colhe os resultados dos próprios pensamentos e ações. Receberá louros por seus acertos e padecerá com os próprios erros.

Meditação do dia

O homem sábio enfrenta a paixão com paz,
o ódio com amor e o mal com o bem.

Ao longo do caminho santificado para a vida divina, a região intermediária da transmutação é o país do sacrifício, a planície da renúncia. As velhas paixões, os velhos desejos, as velhas ambições e os pensamentos são lançados fora e abandonados, mas depois reaparecem em alguma forma mais bela, mais duradoura e satisfatoriamente eterna. Assim como joias valiosas de grande estimação guardadas há muito tempo são lacrimosamente lançadas no cadinho para serem transformadas pelas mãos do ourives em novos e perfeitos adornos, joias resplandecentes e revigoradas.

PENSAMENTO PARA A NOITE

As paixões avassaladoras e os desejos incontroláveis são capazes de cegar o homem, assim como a lua cria sombras sob a copa das árvores.

Eu não crio sombras para mim.

PENSAMENTO PARA A MANHÃ

Aqueles que gozam da paz do reino do amor não procuram a felicidade em bens externos.

Meditação do dia

O presente é a síntese de todo o passado. Ele contém o verdadeiro resultado de tudo que o homem já pensou e fez.

É o conhecimento da lei perfeita que rege tudo e está acima de tudo, e da justiça perfeita, que age e coordena todas as realidades humanas, que permite que o homem bom ame seus inimigos e se eleve acima de todo ódio, ressentimento e lamentações. Porque ele sabe que somente o que é dele volta para ele e que, embora esteja rodeado por perseguidores, seus inimigos são somente instrumentos cegos de uma retribuição perfeita. Por isso ele não os culpa, mas tranquilamente recebe seus débitos e com paciência paga suas dívidas morais. Mas isso não é tudo: ele não salda simplesmente seus débitos, ele se compromete a não contrair mais dívidas.

PENSAMENTO PARA A NOITE

A tribulação só se manterá enquanto houver algum resquício do eu que precisa ser eliminado. O *tribulum*, ou a debulhadora, para de funcionar quando todos os grãos foram retirados da espiga.

Eu me purifico.

PENSAMENTO PARA A MANHÃ

Quando se trata de autocontrole, geralmente as pessoas o interpretam mal. Ele não deve ser associado a uma repressão destrutiva, mas a uma expressão construtiva.

Meditação do dia

O céu e o inferno estão neste mundo.

Nada cai do céu. Onde há sombra, há também matéria. O que a pessoa recebe é produto das próprias ações. Assim como a diligência feliz leva a uma diligência maior e à prosperidade crescente, e o trabalho obrigado ou realizado sem alegria leva a um menor grau de eficiência e a uma prosperidade decrescente, também todas as situações da vida são *efeitos de ações*, resultados provocados por pensamentos e atitudes de determinado indivíduo. O mesmo acontece com a grande variedade de caracteres: eles são o amadurecimento e o crescimento próspero da semeadura das suas ações.

PENSAMENTO PARA A NOITE

Atingirei a pureza quanto tiver resolvido o mistério da vida. Estarei são, salvo e completamente livre quando atingir a pureza.

Eu procuro ser justo e correto.

15 de março

James Allen

PENSAMENTO PARA A MANHÃ

Assim que compreenderem que seu ódio e ressentimento destroem a paz e a felicidade, os homens praticarão boas ações que não resultem em destruição.

Meditação do dia

A purificação do coração é atingida pelo pensamento repetitivo sobre o que é puro.

O homem é um *ser pensante*, e sua vida e caráter são determinados pelos pensamentos nos quais ele normalmente se concentra. Pela prática, associação e hábitos, os pensamentos tendem a se repetir com facilidade e frequência cada vez maior. Fixe então o caráter em dada direção para executar aquela ação automática chamada costume. Pela sistematização diária de pensamentos puros, o homem que medita adquire o hábito de criar pensamentos puros e iluminados, que levam a ações puras e iluminadas e a ações desempenhadas com perfeição.

PENSAMENTO PARA A NOITE

O homem que pretende atingir o auge de sua plenitude espiritual e mental fará de tudo para se espelhar naqueles que admira e que têm a luz divina.

Eu pratico virtudes.

PENSAMENTO PARA A MANHÃ

Pela repetição constante de pensamentos puros, o homem finalmente incorpora esses pensamentos e torna-se um ser purificado, manifestando suas conquistas em ações puras.

Meditação do dia

Aquele que controla a si mesmo livra-se de todo sofrimento.

O homem é a morada da própria ruína e salvação, basta enxergar. Se uma pessoa deseja a paz, é preciso que ela exercite o espírito da paz. Se ela deseja encontrar o amor, que ela habite no espírito do amor. Se ela quer fugir do sofrimento, que pare de provocá-lo. Se ela precisa realizar ações nobres para a humanidade, que pare de agir de forma desprezível. Se ela quer explorar a pedreira da própria alma, que encontre lá todo material de que precisa para construir o que desejar. Lá ela também encontrará a pedra basilar sobre a qual se erguerá em segurança.

PENSAMENTO PARA A NOITE

Pela superação contínua, o homem conhece os meandros sutis de sua mente. E é esse conhecimento divino que permite que ele consolide sua serenidade.

Eu trabalho para dominar a minha mente.

PENSAMENTO PARA A MANHÃ

No reino não há discórdia nem egoísmo. Só há perfeita harmonia, equilíbrio e repouso.

Meditação do dia

Aquele que se purificar acabará com a sua ignorância.

Aquele que domina sua língua é maior que o oponente bem-sucedido na arena da intelectualidade. Aquele que controla bem sua mente é mais poderoso que reis de muitas nações, e aquele que se mantém em completa submissão é maior que deuses e anjos. Quando um homem é escravizado pelo eu, percebe que precisa lutar pela própria salvação. Nesse momento ele se elevará na dignidade da sua humanidade divina e dirá: "Daqui para a frente, serei o mestre em Israel, não mais um escravo na morada da escravidão", e ele encontrará o caminho que o conduzirá à paz eterna.

PENSAMENTO PARA A NOITE

O homem forja as ferramentas com as quais constrói para si a mansão celestial de alegria, força e paz.

Eu vivo uma vida pacífica.

Meditação e pensamentos
para cada dia do ano

18 de março

PENSAMENTO PARA A MANHÃ

O reino dos céus é o reino onde a confiança, o conhecimento e a paz são perfeitos e nenhum pecado ou pensamento impuro pode atravessar seu portal dourado.

Meditação do dia

A impaciência é serva do impulso e não beneficia ninguém.

Você será beneficiado se dedicar pelo menos uma hora, todos os dias, a uma meditação silenciosa sobre temas morais elevados e sua aplicação na vida cotidiana. Dessa forma cultivará uma força calma e tranquila e desenvolverá a percepção certa e o julgamento correto. Não se apresse em escolher os assuntos. Priorize os mais relevantes. Viva uma vida disciplinada e abnegada. Domine o impulso e oriente suas ações por princípios morais e espirituais, distinguindo-os de seus *sentimentos* e acreditando com firmeza que seu objetivo será completamente alcançado no momento certo.

PENSAMENTO PARA A NOITE

Quando não compreende o poder do pensamento, você se submete a elementos externos, admite incondicionalmente que é escravo deles e que eles são o seu senhor.

Eu não permito que as circunstâncias me afetem.

19 de março

PENSAMENTO PARA A MANHÃ

Se você reza por um mundo mais feliz além da morte e espera ansiosamente por ele, alegre-se, pois pode tornar real este mundo de felicidade agora mesmo.

Meditação do dia

A coroa do rei da verdade é a vida virtuosa, seu cetro é o cetro da paz, e seu trono está nos corações humanos.

Em todos os corações há dois reis, mas um é usurpador e tirano. Ele se chama eu, e seus pensamentos e ações são de luxúria, ódio, paixão e discórdia. O outro, o monarca legítimo, chama-se verdade, e seus pensamentos e ações são de pureza e amor, de mansidão e paz. Irmão, irmã, a que monarca querem servir? Que rei vocês coroaram em seu coração? Ele estará em sua alma, se você puder dizer: "Eu me curvo diante do monarca da verdade. No íntimo de meu coração eu coroei o rei da paz". E bem-aventurado será por toda a vida.

PENSAMENTO PARA A NOITE

Se você insistir em procurar egoisticamente sua felicidade pessoal, a felicidade persistirá em fugir e você espalhará as sementes da discórdia.

Eu me desapego de mim.

PENSAMENTO PARA A MANHÃ

O universo carece muito da compaixão divina. A piedade torna o mundo mais leve para o fraco e mais nobre para o forte.

Meditação do dia

Somente pela erradicação dos erros e das impurezas interiores se pode adquirir o conhecimento da verdade. Não há outro caminho para a sabedoria e a paz.

A paz que vai além da compreensão é uma paz que nenhum acontecimento ou circunstância pode abalar ou destruir, porque ela não é somente uma calmaria passageira entre duas tempestades, mas uma paz permanente que nasce do conhecimento. Os homens não usufruem dessa paz porque não a entendem, porque não a *conhecem*, e não a entendem e não a conhecem porque estão cegos e se tornaram ignorantes por causa dos próprios erros e pecados.

PENSAMENTO PARA A NOITE

As companhias, os prazeres e o conforto material são agradáveis, mas são mutáveis e desaparecem. A pureza, a prudência e o conhecimento da verdade são imutáveis e nunca desaparecem.

Eu me apoio na verdade.

21 de março

James Allen

PENSAMENTO PARA A MANHÃ

Que seu coração cresça e expanda com um amor cada vez maior, até que, livre de todo ódio, paixão e condenação, abrace todo o universo com profunda ternura.

Meditação do dia

O homem não resulta de situações externas.
As situações externas resultam do homem.

Nossos sofrimentos *são* justos e resultam inteiramente de nossa própria ignorância, de erros e transgressões. Você é o causador do próprio sofrimento, ninguém o obriga a sofrer. Se não fosse assim, se o homem cometesse uma má ação e desaparecesse, as consequências dessa ação poderiam se abater sobre uma pessoa inocente, e, então, não haveria lei da justiça, e sem essa lei o universo não existiria nem por um momento sequer. Reinaria o caos. Externamente os homens *pareceriam* sofrer pelos outros, mas apenas na aparência – uma aparência que um conhecimento mais profundo dissiparia.

PENSAMENTO PARA A NOITE

Torne seu coração puro e assim será sua vida: rica, suave e bela, e imperturbável pela discórdia.

Eu trabalho todos os dias para
tornar meu coração puro.

PENSAMENTO PARA A MANHÃ

Valorize a graça que enfeita seus pensamentos mais puros, porque eles são a fonte de tudo o que é agradável, de todo ambiente celestial.

Meditação do dia

No conhecimento da verdade está a liberdade.

Os homens sofrem porque amam a si mesmos e não amam a virtude; assim, eles amam suas desilusões e se prendem a elas. Só existe uma liberdade suprema da qual ninguém pode privá-los senão eles mesmos: *a liberdade de amar e praticar a virtude*. Isso inclui todas as outras liberdades. Ela pertence tanto ao escravo açoitado e acorrentado quanto ao rei, e aquele que usufruir dessa liberdade se livrará de todas as correntes. Por ela, o escravo se libertará da presença do opressor, que terá menos poder de oprimi-lo. Por ela, o rei não será mais contaminado pela luxúria que o cerca e será um verdadeiro rei.

PENSAMENTO PARA A NOITE

Sua realidade pode estar desfavorável, mas ela pode mudar se você encontrar um ideal e se esforçar para alcançá-lo.

Eu vivo a liberdade em seu estado puro.

23 de março

James Allen

PENSAMENTO PARA A MANHÃ

Todas as dificuldades de quem vence os conflitos e o medo são corajosamente identificadas e sabiamente superadas.

Meditação do dia

A alegria é para os imaculados.

Para o homem sábio, a ansiedade, o medo, a frustração e a inquietação desaparecerão, e, em qualquer circunstância ou situação em que se encontrar, sua serenidade não será abalada. O homem sábio se curvará e se adaptará a tudo com habilidade e sabedoria. Nada o fará sofrer, pois estará próximo do reino de Deus. Quando os amigos se rendem ao corpo carnal e à paixão, ele sabe o que eles ainda *são* e não se entristece pela concha que descartaram. Ninguém pode feri-lo, pois ele se identificou com aquilo que não é afetado pela mudança.

PENSAMENTO PARA A NOITE

A batalha diária do bem contra o mal, da simplicidade contra a luxúria, da bondade contra o egoísmo só tem valor quando a serenidade é uma certeza.

Eu desfruto da serenidade.

PENSAMENTO PARA A MANHÃ

O estudo do homem não superará o pecado e o sofrimento. Somente pela prática da virtude ele porá fim ao calvário.

Meditação do dia

Amor, mansidão, delicadeza, autoacusação, perdão, paciência, compaixão, repreensão: tudo isso é obra do espírito. Ódio, orgulho, aspereza, acusação, vingança, raiva, crueldade, bajulação: tudo isso é obra da matéria.

O corpo bajula, o espírito repreende. O corpo se satisfaz cegamente, o espírito disciplina sabiamente. O corpo adora o que é escuso, o espírito é aberto e claro. O corpo não se esquece da injúria de um amigo, o espírito perdoa o inimigo mais terrível. O corpo é ruidoso e grosseiro. O espírito é silencioso e amável. O corpo está sujeito a estados de ânimo, o espírito está sempre sereno. O corpo instiga a impaciência e a raiva, o espírito controla com paciência e serenidade. O corpo é imprudente, o espírito é cuidadoso.

PENSAMENTO PARA A NOITE

O universo está cercado de bondade e força, e ele protege o bom e o forte. O homem irascível é um homem fraco. O homem virtuoso é poderoso.

Eu pratico a virtude.

25 de março

PENSAMENTO PARA A MANHÃ

A pessoa sábia se alegra quando é derrotada, rejubila-se quando é vencida. Ao perceber isso, ela descobre e corrige seus erros, tornando-se mais sábia.

Meditação do dia

Só poderá ajudar os outros aquele que tiver se elevado e se purificado.

Primeiro, a verdade é percebida; depois, conscientizada. A percepção pode ser instantânea, mas a conscientização é quase sempre um processo de evolução gradual. Você terá de *aprender* a amar a si mesmo como se fosse uma criança. E, à medida que progride no aprendizado, o divino se manifestará. Você só pode aprender a amar meditando sobre o amor como um princípio divino e ajustando a ele todos os seus pensamentos, palavras e ações. Vigie-se com atenção, e, quando pensar, falar ou praticar qualquer ato que não nasceu de um amor puramente altruísta, certifique-se de que, daqui para a frente, se manterá nessa direção.

PENSAMENTO PARA A NOITE

O desejo de ter afasta cada vez mais o homem da paz e não acaba só em privação, mas é em si um estado de contínua necessidade.

Eu abandono os desejos egoístas.

PENSAMENTO PARA A MANHÃ

O reino só será alcançado pela autopurificação, e isso só se consegue por um processo de autoconhecimento e autoanálise.

Meditação do dia

Siga fielmente sua luz interior aonde quer que ela o leve.

É bom ter consciência de suas imperfeições, porque, tendo-as identificado e sentido a necessidade de superá-las, cedo ou tarde você se elevará acima delas, até a atmosfera pura do dever e do amor abnegado. Nunca imagine um futuro negro, mas, se pensar no futuro, imagine-o sempre brilhante. Acima de tudo, cumpra com suas obrigações a cada dia. Faça isso jubilosa e altruisticamente, e cada dia lhe trará a própria medida de alegria e paz, e seu futuro será de grande felicidade. A melhor forma de superar suas falhas é cumprir com todas as suas obrigações fielmente, sem pensar em nenhuma recompensa pessoal.

PENSAMENTO PARA A NOITE

Se uma pessoa deseja a paz, é preciso que ela exercite o espírito da paz. Se ela deseja encontrar o amor, que ela habite no espírito do amor.

Eu exercito o espírito da paz.

PENSAMENTO PARA A MANHÃ

Faça o possível para tornar os outros felizes, tratar todos gentilmente, não retaliar ninguém que fale ou aja de forma indelicada. O reino estará próximo.

Meditação do dia

O homem virtuoso é invencível.
Nenhum inimigo poderá vencê-lo.

O homem correto, que nada tem a esconder, que não comete nenhum ato escuso que precise ser ocultado e não expressa pensamentos e desejos que ele não desejaria que os outros soubessem, é corajoso e não se envergonha de nada. Seu passo é firme, seu corpo é ereto e suas palavras são diretas e sem ambiguidade. Ele olha para todos de frente. Por que ter medo quem não peca? Por que se envergonhar de quem não engana ninguém? Abandonando o erro, ele nunca errará. Abandonando a mentira, ele nunca será falso. O mal não supera o bem, por isso o homem íntegro nunca será rebaixado pelo ímpio.

PENSAMENTO PARA A NOITE

A meditação é a profunda incorporação, em pensamento, de uma ideia ou de um tema com o objetivo de compreendê-lo completamente. O cansaço e a agitação não se abaterão sobre aquele cujo coração estiver em paz.

Eu mantenho a paz no meu coração.

PENSAMENTO PARA A MANHÃ

Seja qual for a sua tarefa, concentre toda sua mente nela; jogue sobre ela toda energia que você é capaz de ter.

Meditação do dia

É melhor amar que acusar e denunciar.

Existe aquela explosão de paixão chamada "correta indignação", e ela parece ser correta, mas, quando observada segundo uma concepção mais elevada de conduta, *não* parece mais ser correta. Existe certa marca de nobreza sobre a indignação em relação ao erro ou à injustiça, e ela é certamente muito mais alta e nobre que a *indiferença*. Mas existe uma nobreza ainda mais alta, pela qual se percebe que a indignação nunca é necessária. Onde o amor e a mansidão assumem seu lugar, eles superam o erro com muito mais eficiência.

PENSAMENTO PARA A NOITE

Treine sua mente com pensamentos fortes, imparciais e gentis. Treine seu coração para filtrar os bons sentimentos e o perdão humilde.

Eu treino minha mente e meu coração na pureza e na compaixão.

29 de março

James Allen

PENSAMENTO PARA A MANHÃ

Acredite que o poder divino, que é imanente ao universo, nunca o abandonará. Assim, você estará sempre protegido.

Meditação do dia

Aquele que tiver de agir de forma nobre e não o fizer, não será exaltado, mas humilhado.

O termo *bondade* não significa um sentimento doentio, mas uma *virtude interior*, o resultado direto da força e do poder. Por isso, o homem bom não é fraco, e o homem fraco não é bom. Não devemos julgar o próximo segundo o espírito da condenação, mas podemos julgar nossa própria vida e nos conduzir pelos *resultados*. Não há nada mais certo que esta verdade: aquele que pratica o mal *prova* rapidamente que o mal causa desgraça. O homem bom *demonstra* que o resultado de sua bondade é a felicidade.

PENSAMENTO PARA A NOITE

Doe-se completamente para aliviar a tristeza do próximo, para ajudar quem está ao seu lado, e a divina felicidade o libertará de toda tristeza e sofrimento.

Eu sirvo ao próximo.

*Meditação e pensamentos
para cada dia do ano*

30 de março

PENSAMENTO PARA A MANHÃ

Aquele que entende a verdade segue adiante com bondade, pureza, amor e paz, pois sabe que existe a grande lei soberana, que é uma fonte de preservação e destruição.

Meditação do dia

*O objetivo maior de todas as religiões é
ensinar aos homens como viver.*

São poucos os mestres da humanidade. Podem passar mil anos sem que surja um sequer. Mas quando o verdadeiro mentor aparece, o que o diferencia e o torna conhecido é *sua vida*. Sua *conduta* é diferente da dos outros homens, e seus ensinamentos não vêm dos homens, nem estão nos livros, *mas vêm da própria vida*. O guia *primeiro vive* e depois ensina aos outros como viver na santidade. Ele e sua vida são a prova e o testemunho de seus ensinamentos. Entre milhões de pregadores, somente um foi aceito finalmente pela humanidade como o verdadeiro Mestre.

PENSAMENTO PARA A NOITE

Os virtuosos se põem em xeque e vigiam suas paixões e emoções. Dessa forma, eles se apossam da mente e aos poucos adquirem serenidade.

Eu mantenho a minha mente serena.

PENSAMENTO PARA A MANHÃ

Simpatia oferecida é bem-aventurança recebida. Simpatia retida é bem-aventurança perdida.

Meditação do dia

Por estar muito além do alcance das contradições egoístas, o amor só pode ser vivido.

A observância do código de regras que Jesus entregou ao mundo permitiria que todos os homens se tornassem filhos de Deus e pudessem viver a vida perfeita. Essas regras ou preceitos são tão simples, diretos e insofismáveis que é impossível não os entender. São tão claros e inequívocos que até uma criança que não sabe ler entende seu significado sem dificuldade. Todos os preceitos estão diretamente relacionados à conduta humana e só podem ser aplicados pelo indivíduo na própria vida. Aplicar o espírito dessas regras no comportamento diário de cada indivíduo é o objetivo maior da vida.

PENSAMENTO PARA A NOITE

Doce é o descanso e profunda é a bem-aventurança daquele que sem amargura olha para o mundo com compaixão e amor sem limites, pois ele pode aspirar a paz para todos.

Eu pratico a compaixão.

Abril

1º de abril

PENSAMENTO PARA A MANHÃ

Uma vida na qual se pode pensar, agir e viver de uma forma nova torna o espírito mais elevado e mais sábio.

Meditação do dia

O homem não tem caráter, nem alma,
nem vida fora de seus pensamentos e ações.

Cada um é responsável pelos pensamentos que elabora e pelas ações que pratica, por seu estado de espírito e pela vida que vive. Nenhum poder ou acontecimento, nenhuma circunstância pode induzir o homem ao mal e à infelicidade. Ele é o próprio indutor. Ele pensa e age por vontade própria. Nenhum ser, mesmo sábio e grandioso – nem mesmo o supremo –, pode torná-lo bom e feliz. Ele mesmo precisa escolher o bem e por esse caminho encontrar a felicidade. Esta vida de triunfo não é para aqueles que se satisfazem com qualquer situação inferior, mas para aqueles que são ávidos de retidão. Existe uma vida mais elevada, mais nobre, mais divina que a do pecado e a do sofrimento.

PENSAMENTO PARA A NOITE

Quanto mais o homem elevar seus pensamentos, mais valoroso se tornará, maior será seu sucesso e mais abençoadas serão suas conquistas.

Eu recomeço minha vida todos os dias.

Meditação e pensamentos para cada dia do ano

2 de abril

PENSAMENTO PARA A MANHÃ

Somente pensamentos corretos podem suscitar ações corretas. Apenas ações corretas podem suscitar uma vida íntegra. Ao viver uma vida íntegra, atinge-se a bem-aventurança.

Meditação do dia

Viver é agir e pensar, e pensar e agir é mudar.

A vida do homem é real. Os pensamentos e ações são reais. O caminho da sabedoria é ocupar-nos com a investigação de tudo o que é. O homem, considerado acima, além e separado da mente e do pensamento, é especulativo e irreal. O caminho da loucura é ocupar-nos em estudar tudo o que não é. O homem não pode ser separado de sua mente. Sua vida não pode ser separada de seus pensamentos. Mente, pensamento e vida são inseparáveis como a luz, o calor e a cor. Os fatos demonstram isso e contêm as bases de todo conhecimento relativo a eles.

PENSAMENTO PARA A NOITE

À medida que o homem desenvolve uma compreensão das coisas pela ação de causa e efeito, ele para de se angustiar e estará pronto, inabalável, sereno.

Eu sou os meus pensamentos.

3 de abril

PENSAMENTO PARA A MANHÃ

Persiga seus propósitos com o coração destemido e tranquilo. Acredite que o futuro lhe mostrará a necessidade de cada pensamento e esforço.

Meditação do dia

O homem, assim como a mente, está sujeito a mudanças.
Ele não é "fabricado" e finalmente completado,
mas guarda dentro de si a capacidade de progredir.

A pureza de coração, a elaboração de bons pensamentos e a realização de boas ações nada mais são do que um convite para um modo de pensamento mais elevado e mais nobre. Uma forma de pensamento que energiza forças, que exorta os homens a um esforço ao escolher pensamentos que os eleve até reinos de maior poder, maior bondade e maior bem-aventurança. Aspiração, meditação e devoção são os principais meios que os homens de todas as idades utilizam para atingir pensamentos mais elevados, espaços mais amplos de paz, reinos mais vastos de conhecimento, para "que ele seja aquilo que pensa em seu coração". O ser humano é modificado por todos os seus pensamentos. Todas as experiências afetam seu caráter.

PENSAMENTO PARA A NOITE

Se a cada momento efêmero eu me agarrar ao amor e à paciência, persistir na pureza e nunca me desviar da retidão, finalmente verei a terra da imortalidade.

Eu entendo minha missão e me
agarro ao meu guia interior.

PENSAMENTO PARA A MANHÃ

Torne seu coração puro e sua vida se tornará rica, amorosa e bela. Assim seguirá pelo caminho da santidade e da paz e poderá finalmente viver o amor imortal.

Meditação do dia

Somente a escolha de pensamentos sábios e, necessariamente, a prática de ações sábias levam à sabedoria.

As multidões, cujo espírito não é esclarecido, são escravas do pensamento, mas o sábio é o mestre do pensamento. Elas seguem cegamente e ele escolhe inteligentemente. Elas obedecem ao impulso momentâneo, pensando em seus prazeres imediatos e na felicidade, e ele comanda e domina o impulso e descansa no que é permanentemente certo. Elas, obedecendo a impulsos cegos, violam a lei da retidão. Ele, vencendo o impulso, obedece à lei da retidão. O sábio enfrenta os fatos da vida. Ele conhece a natureza do pensamento e entende a lei de seu ser e obedece a ela.

PENSAMENTO PARA A NOITE

A autopurificação permitirá ao homem gozar de saúde, e o autodomínio lhe dará força, e tudo o que realizar prosperará.

Eu busco me vestir de humildade.

PENSAMENTO PARA A MANHÃ

Siga em qualquer situação seus mais elevados impulsos interiores. Seja sempre fiel ao seu eu divino. Responda à sua voz e luz interior.

Meditação do dia

A lei não pode ser parcial. Ela é um modo de ação invariável. Se não lhe obedecermos, sofreremos. Se lhe obedecermos, seremos felizes.

Não se alcança a sabedoria e a bondade sem o aprendizado, muito menos nascemos com esse conhecimento. Diariamente somos desafiados a ter atitudes erradas e certas, mas garanto: sofrer com as penalidades das más ações tem valor maior do que nos regozijar com as bênçãos das boas ações, pois aí está o aprendizado. Fugir dos frutos de nossa ignorância e pecado significa não estarmos seguros e sermos privados dos resultados de nossas ações justas e generosas. Apenas conhece verdadeiramente o bem quem já passou pelo mal.

PENSAMENTO PARA A NOITE

Pensar no próximo significa renunciar ao eu, ao egocentrismo. Assim, mente e coração serão preenchidos com a alegria imperecível do amor fraterno.

Eu fujo do egoísmo.

PENSAMENTO PARA A MANHÃ

Somente pode julgar quem não possui mácula, pois a ele foi dado o poder do juízo. O coração puro pertence aos imaculados e aos que transbordam amor.

Meditação do dia

Visionários do cosmos não lamentem a ordem das coisas.

Doe-se completamente para aliviar a tristeza do próximo, para servir a quem está ao seu lado, e a divina felicidade o libertará de toda tristeza e sofrimento. Dedique-se ao bem-estar do próximo, pois defenderá os mais fracos das injustiças e preservará os fortes do uso desenfreado de sua força. Vigie sempre para se proteger do egoísmo, aprenda e seja fiel às lições divinas do sacrifício interior. Assim você poderá chegar ao ápice da felicidade e permanecer na luz que não se apaga da alegria universal, vestido com o manto brilhante da imortalidade.

PENSAMENTO PARA A NOITE

Possuir o coração sem pecado e a mente sem irritação prepara o homem para o solo fértil da vida, onde brotarão sementes do bem e da verdade.

Eu pratico a verdade.

7 de abril

James Allen

PENSAMENTO PARA A MANHÃ

O homem é responsável por suas ações e pensamentos, portanto, detém o poder de ser o que quiser, de construir o amor ou erguer a muralha do ódio.

Meditação do dia

Escapar das tentações do pecado e preparar a mente para a consciência divina abre as portas para a vida transcendental.

Quando o homem atravessa o processo de abdicar do mal e acumular o bem, sua mente estará apta a ter uma nova visão, uma nova percepção do ser. Assim, o sábio nasce, abandona a vida humana e ascende para a vida divina. O renascimento do homem transborda experiências valorosas e atitudes com o poder de transformar outros homens. O universo conspira a seu favor e o ilumina com o olhar espiritual. Em seu caminho não faltarão seguidores dispostos a experimentar a mesma transformação. Esse é o poder da vida transcendental.

PENSAMENTO PARA A NOITE

Onde a mente serena estiver, haverá força e repouso, haverá amor e sabedoria. Haverá alguém que combateu exitosamente inúmeras batalhas contra o eu.

Eu vivo a serenidade.

PENSAMENTO PARA A MANHÃ

Ocupar a mente com pensamentos meritórios leva o homem ao reino divino. Se assim não for, lhe restará apenas o mundo inferior, do pecado.

Meditação do dia

Quando o bem perfeito é entendido e assimilado, adquire-se uma visão serena.

A vida transcendental é regida por princípios, não por paixões. Ela se baseia não nos impulsos efêmeros, mas em leis eternas. Em sua atmosfera clara revela-se a sequência ordenada de tudo o que existe, para que não haja mais espaço para tristeza, ansiedade ou arrependimento. Enquanto estão envolvidos nas paixões do eu, os homens se sobrecarregam com várias preocupações e problemas, com sua personalidade mesquinha, pesada e sofrida. Na vida de sabedoria e bondade tudo isso é transcendente. Os interesses pessoais são substituídos por propósitos universais.

PENSAMENTO PARA A NOITE

Um homem sem princípios é alguém perdido no universo, que jamais conhecerá o verdadeiro amor na Terra.

Minha vida é regida por princípios.

9 de abril

James Allen

PENSAMENTO PARA A MANHÃ

Aquele que alcança e atravessa o portal do Reino Celestial é o mesmo que abriu todas as portas do destino com as chaves do amor e da sabedoria.

Meditação do dia

O mal é uma experiência, não um poder.

Somente existe o mal porque ele habita no coração dos homens. Os sentimentos negativos não são etéreos nem vagam solitariamente pelo universo. Mas o mal não é em si um poder, mas uma experiência real que deve ser transmutada. Seu estado de pouca evolução repele a luz do conhecimento. Mas, assim como o ignorante pode se tornar gradualmente um sábio, as experiências desfavoráveis padecem diante do acúmulo de novos aprendizados, e a consciência do amor invade seu coração e sua mente.

PENSAMENTO PARA A NOITE

São as forças do pensamento silencioso e vitorioso que fazem tudo se manifestar. O universo evolui baseado em pensamentos bondosos.

Eu pratico o bem e fujo do mal.

PENSAMENTO PARA A MANHÃ

Antes de esperar alguma forma de sucesso, reconhecimento e poder, você deve aprender a concentrar a força do pensamento para cultivar a serenidade e o repouso.

Meditação do dia

O que quer que aconteça ao homem bom,
não pode causar-lhe perplexidade ou tristeza,
porque ele conhece suas causas e problemas.

O homem que transcendeu construiu seu presente nas estacas aflitivas do passado, que ele reconhece como seus mestres, de quem aos poucos vai se distanciando, pois ele está em constante evolução. Tendo terminado sua missão de ensiná-lo, os guias o tornaram o senhor triunfante do conhecimento, e outros homens existem para ser transcendidos. O aprendizado continua, e o mentor, que está acima, treina o que está abaixo, assim como a sabedoria instrui a ignorância e o bem ilumina o mal. A lei da vida ensina que quem transcende sempre será superior ao transcendido.

PENSAMENTO PARA A NOITE

Somos o que nossa mente quiser para nós, e nossos ideais são o reflexo do que nossa mente e nosso coração desejam. Sejamos donos de nossos ideais.

Eu sou dono do meu ideal.

PENSAMENTO PARA A MANHÃ

A quem sacrifica tudo para escolher a bondade, o universo e o reino divino lhe reservam os mais valorosos sentimentos e pensamentos.

Meditação do dia

Superar o outro é vencer uma batalha;
superar a si mesmo é vencer a guerra com grandeza.

A vida é feita de perdas e vitórias, mas a verdadeira vitória ocorre quando o homem sente a necessidade de se afastar do embate com o mundo exterior para enfrentar os males que nele habitam. O caminho dessa conquista o levará à paz perfeita, pois descobrirá que seu maior inimigo está dentro de si e não fora dele; seus pensamentos caóticos criam uma névoa de perturbação e discórdia. Contudo, sua força está justamente na paz que alcançou. Essa força será capaz de destruir tudo o que não tem valor, como a luxúria, a ira, o ódio e o orgulho, o egoísmo e a ganância. Ele conquistará o reino divino. Aquele que venceu o outro poderá, por sua vez, ser vencido, mas aquele que superou a si mesmo nunca será dominado.

PENSAMENTO PARA A NOITE

Os labirintos complexos do desejo egoísta devem ser substituídos pela total simplicidade. Quem o fizer, não será atingido por mal algum.

Eu venço a mim mesmo.

PENSAMENTO PARA A MANHÃ

Uma vida renovada, na qual se possa pensar, agir e viver com espírito mais elevado e mais sábio, é o verdadeiro caminho para resultados auspiciosos.

Meditação do dia

A força e a discórdia agem sobre paixões e medos,
mas o amor e a paz chegam ao coração e o reformam.

Aquele que é dominado pela força não é dominado em seu coração: ele pode se tornar um inimigo maior que antes. Mas aquele que é dominado pelo espírito da paz muda seu coração. Quem era inimigo torna-se amigo. Os sábios e puros têm a paz no coração, que faz parte de suas ações. Eles a aplicam em sua vida. A paz é mais poderosa que a discórdia e vence onde a força fracassa. Suas asas protegem o virtuoso, e o inocente não é ameaçado. Ela garante um abrigo seguro do calor da luta egoísta. A paz é um refúgio para os vencidos, uma cabana para o perdido, um templo para o puro.

PENSAMENTO PARA A NOITE

O mal só pode ensinar na própria esfera, onde é considerado mestre. Na esfera do bem, ele não tem espaço nem autoridade.

Eu cultivo a paz.

PENSAMENTO PARA A MANHÃ

A escuridão do túnel é passageira, pois no fim está a luz permanente que guiará os passos do guerreiro que sofre, mas que conhecerá a alegria perene.

Meditação do dia

Aquele que conheceu o amor divino tornou-se um novo homem.

O amor, a sabedoria, a paz, esse estado tranquilo de coração e mente, podem ser atingidos, podem ser entendidos, por todos que desejam e estão prontos para elevar seu eu e por quem está preparado para humildemente compreender tudo o que está envolvido na renúncia do eu. Não há poder arbitrário no universo. O homem é senhor de sua mente, de seus pensamentos, que podem ser aprisionados em masmorras por ele construídas. O consequente sofrimento é resultado de suas ações e não se libertará dele enquanto a masmorra do seu eu lhe parecer confortável e acolhedora.

PENSAMENTO PARA A NOITE

A única e suprema utilidade do sofrimento é purificar, apagar tudo o que é inútil e impuro. Para o puro, não há sofrimento.

Eu me elevo todos os dias.

PENSAMENTO PARA A MANHÃ

Uma pessoa é desprezível, tola e medíocre à medida que permite que sua natureza animal domine seus pensamentos e ações.

Meditação do dia

O mundo inteiro se move na direção da completa percepção desse amor divino.

Como a sombra segue o corpo e a fumaça emana do fogo, assim também o efeito segue a causa e o sofrimento e a felicidade seguem os pensamentos e as ações dos seres humanos. Não há efeito no mundo que não tenha uma causa oculta ou revelada, e essa causa está em sintonia com a justiça absoluta. As pessoas colhem o sofrimento porque no passado, próximo ou distante, elas semearam os grãos do mal. Elas também colhem felicidade porque plantaram as sementes do bem e queimaram o joio e as ervas daninhas que antes cresciam no jardim de seu coração.

PENSAMENTO PARA A NOITE

Aquele que controla a si mesmo, controla sua vida, as circunstâncias e seu destino. Estará sempre amparado pela felicidade, seu bem duradouro.

Eu controlo a mim mesmo.

15 de abril

PENSAMENTO PARA A MANHÃ

Quem está do lado da ordem, conhece o princípio do bem universal. Quem está do lado da integridade, compartilha da alma e da essência da vida.

Meditação do dia

Aquele que purifica seu coração é o maior benfeitor do mundo.

O mundo está, e ainda estará por muitos anos, excluído daquela Era Dourada, que é a personificação do amor abnegado. Se desejar, você poderá entrar nela agora, elevando-se acima de seu egoísmo. Se desejar, passará do preconceito, do ódio e da condenação para o amor sereno e misericordioso. Onde reinarem o ódio, o desgosto e a condenação, o amor abnegado não reina. Ele só habita o coração que abandonou toda condenação. No coração daquele que sabe que o amor está no centro de tudo e que entendeu o seu poder, não há espaço para a condenação. Que os homens e mulheres sigam este caminho, e eis que é chegada a Era Dourada.

PENSAMENTO PARA A NOITE

Para harmonizar todos os seus pensamentos com a fé perfeita e inabalável na onipotência de Deus, é preciso sentir dentro de si a dissolução e a destruição de todo mal ao lado dele.

No meu coração reina o amor.

PENSAMENTO PARA A MANHÃ

Não condene, não ofenda nem revide. Não discuta nem seja parcial. Mantenha a serenidade diante de todos. Seja justo e fale somente a verdade.

Meditação do dia

Somente os puros de coração chegam a Deus.

Abrimos os olhos e a noite escura do terror não existe mais. Por muito tempo nosso corpo e nosso espírito estiveram adormecidos e nos afligimos no doloroso pesadelo do mal. Mas agora despertamos no espírito e na verdade. Descobrimos a bondade, e nossa luta contra o mal terminou. Neste momento conhecemos a lei do amor, que nos manterá companheiros da tranquilidade mental e da mansidão do coração. Assim, nossos pensamentos serão igualmente tranquilos, e abençoarão o pecador e o honrado, o fiel e o infiel, o egoísta e o generoso, pois acima de tudo temos o coração supremo.

PENSAMENTO PARA A NOITE

Pela superação contínua, o homem conhece os meandros sutis de sua mente. É esse conhecimento divino que permite que ele consolide sua serenidade.

Eu conduzo minha vida.

17 de abril

PENSAMENTO PARA A MANHÃ

Acordar e agradecer por mais um dia, apreciar a luz do sol, sentindo o seu calor, e agradecer o dom da visão e a sensibilidade da pele. Isso é gratidão.

Meditação do dia

Onde há um conhecimento espiritual puro,
o amor é aperfeiçoado e plenamente entendido.

O homem generoso é o que preenche sua mente e seu coração, e ambos são guiados pelos pensamentos. Por isso ele deve ser inteligente e treiná-los para serem vigorosos, imparciais e gentis. Seu coração deve pensar apenas em pureza e compaixão, que se traduzirão em palavras verdadeiras e irrepreensíveis. Assim, o caminho da santidade e da paz será a trilha natural até o amor imortal. Sua alma transbordará sabedoria, verdade e força do bem. Sem dificuldades, convencerá, ensinará e se tornará companheiro dos sábios, pois o amor é o senhor da razão e tudo conquista.

PENSAMENTO PARA A NOITE

O egocentrismo não enxerga o próximo e causa discórdias; o amor é o único antídoto contra as desavenças, trazendo paz e felicidade.

Eu vivo no reino do amor.

PENSAMENTO PARA A MANHÃ

A doutrina de Jesus é baseada na *vida e nas obras*, por isso tem a virtude de consagrar a verdade eterna. Sua morada representa a retidão ungida.

Meditação do dia

Alegre-se porque o dia raiou. A verdade nos despertou.

Os dias se passaram até que o céu escureceu e as estrelas brilharam no infinito. Dormimos e sofremos as agruras dos sonhos angustiantes, sem encontrar quem pudesse nos acordar daquele tormento. Então a luz divina nos iluminou e nosso sono foi interrompido. Para nossa sorte, conseguimos ouvir a palavra da verdade e da sabedoria. De repente abrimos os olhos e diante de nós há um brilho. Adormecidos, nada enxergávamos. Mas, despertos, pudemos ver à nossa frente a Santidade, que nos abriu os olhos, os ouvidos e o coração. Despertos, seguiremos o Senhor para nunca mais cairmos em tentação; o pecado não nos alcançará.

PENSAMENTO PARA A NOITE

Nada é por acaso e coincidências não existem; se sofremos a influência do mal é porque desconhecemos o poder e a natureza do pensamento.

Eu me blindo contra pensamentos negativos.

19 de abril

PENSAMENTO PARA A MANHÃ

Se o homem quer se purificar e atravessar o portal do templo divino, pecado e tentação devem estar fora de seu alcance; em troca, receberá a paz eterna.

Meditação do dia

Substitua o erro pela verdade e a ilusão pela realidade.

Pecar é sonhar, e admitir o pecado é admitir a escuridão. Aqueles que procuram a escuridão é porque estão envolvidos pela escuridão. Ainda não viram a luz. Aquele que viu a luz não quer mais caminhar na escuridão. Entender a verdade é amá-la, e, em comparação, no erro não há beleza. Quem não vive a realidade desconhece a estabilidade, pois não sabe decidir entre o amor e a dor, a felicidade e a desfortuna, confia desconfiando. O sonhador não tem morada perene, a menos que acorde para a verdade.

PENSAMENTO PARA A NOITE

Enquanto você insistir em procurar egoisticamente sua felicidade pessoal, a felicidade ficará mais distante e você espalhará as sementes da discórdia.

Eu me desapego de mim.

PENSAMENTO PARA A MANHÃ

Uma pessoa é feliz, sensata e elevada à medida que controla a si mesma e tem no outro a extensão de sua prosperidade. Compartilhar é preciso.

Meditação do dia

O conhecimento da verdade é uma consolação eterna.

Quando tudo falha, a verdade não falha. Quando o coração está desolado e o mundo não oferece abrigo algum, a verdade provê um refúgio tranquilo e um repouso sereno. As atribulações da vida são muitas e seu caminho é trilhado com dificuldade, mas a verdade é maior que as atribulações e está acima de todas as adversidades. A verdade torna nosso fardo mais leve. Ela ilumina nosso caminho com o brilho da alegria. Pessoas queridas morrem, os amigos falham e os bens materiais desaparecem. Onde, então, está a voz do conforto? Onde está o sussurro da consolação? Na verdade.

PENSAMENTO PARA A NOITE

O repouso da mente e do corpo devem ser respeitados, pois a recuperação de ambos é muito importante para o encontro futuro da paz espiritual.

Eu busco a força maior.

PENSAMENTO PARA A MANHÃ

Acredite em você e no seu potencial. Apenas você sabe aonde quer chegar e que caminhos quer trilhar. Abra seu coração para o Eterno e será abençoado.

Meditação do dia

Pense em festas, vícios e prazeres egoístas, mas, se quiser encontrar a paz e a verdade, só lhe resta pensar em reflexões, virtudes e amor ao próximo.

O que mais podemos almejar senão a verdade? Símbolo da alegria, do bem e da santidade. Antagonista do desalento, do egoísta e do pecador. Com base na verdade, concretiza-se a virtude, personifica-se o consolo e a paz. Ela está ao lado dos sinceros, obedientes e sábios. É refúgio para o espírito do bem, é morada para o amor fraternal. Quem tem a verdade no coração está seguro e sente-se reconfortado. Quem consegue abraçar a verdade? Quem acredita em um mundo sem vícios ou maldades, quem acolhe o próximo e enxerga na luxúria a pobre vida dos mentirosos. A verdade é luz, a antítese das sombras.

PENSAMENTO PARA A NOITE

Aquele que já possui o domínio do mundo espiritual nunca será privado de sua fonte de felicidade.

Eu me abrigo na verdade.

PENSAMENTO PARA A MANHÃ

Um mundo virtuoso será construído quando o homem valorizar seus ideais, seus pensamentos puros e a beleza que emana de seu coração e mente imaculados.

Meditação do dia

Aproveitem o coração puro e a vida inocente.
Eles estão cheios de alegria e paz.

Nossas boas ações permanecem conosco, elas nos salvam e nos protegem. Ações más são erros. Nossas más ações nos perseguem, elas nos derrubam na hora da tentação. Aquele que pratica o mal não está protegido da tristeza, mas aquele que pratica o bem está protegido de todo sofrimento. O tolo diz para suas ações más: "Continuem escondidas, não se exponham", mas esse mal já foi anunciado e sua tristeza é certa. Se estivermos em pecado, o que nos protegerá? O que nos manterá longe da miséria e da perturbação? A verdade. Se vivermos no bem, nada nos superará.

PENSAMENTO PARA A NOITE

Sua realidade pode estar desfavorável, mas ela pode mudar se você encontrar um ideal e se esforçar para alcançá-lo.

Eu projeto o bem.

23 de abril

James Allen

PENSAMENTO PARA A MANHÃ

Aquele que venceu conflitos e medos venceu o fracasso. Todos os seus pensamentos estão associados ao poder, e todas as dificuldades são superadas.

Meditação do dia

Que todos os que amam a verdade sejam alegres, não tristes. Porque suas tristezas passarão, como a névoa da manhã.

Quando se doa carinho, o estoque armazenado em nosso coração aumenta, enriquece e transforma nossa vida. Ao expandir e oferecer simpatia, o homem se aproxima da vida ideal, da bem-aventurança completa. Quando seu coração se tornar tão leve que nenhum pensamento destrutivo, amargo ou cruel puder penetrar nele e desviá-lo de sua pureza permanente, ele será, de fato, generosa e divinamente abençoado. A estrada do coração é paralela ao caminho do amor, e ambos se encontram na encruzilhada da verdade. Seu destino está escrito: a felicidade está próxima.

PENSAMENTO PARA A NOITE

Dedico minha vida aos que desejam aprender e querem repassar meus ensinamentos, pois assim demonstram que seu coração não é mesquinho.

Eu tenho sede de aprender.

PENSAMENTO PARA A MANHÃ

O grão tem seu tempo de germinar, assim como a criança tem seu tempo de crescer. Não tenha pressa, a vida o espera.

Meditação do dia

Grande é a conquista que você empreendeu, até a poderosa conquista de si mesmo. Tenha fé e superará.

O discípulo fecha os olhos e clama: "Conduza-me, Mestre, porque minha escuridão é grande. A escuridão desaparecerá, Mestre? Serei vitorioso nessa empreitada, minhas tristezas terão fim?". A resposta veio dos céus: "Quando seu coração for puro, a escuridão desaparecerá. Quando sua mente estiver livre da paixão, você chegará ao fim da jornada, e quando o pensamento da autopreservação for rendido, não haverá mais razão para tristeza. Você estará então no caminho da disciplina e da purificação".

PENSAMENTO PARA A NOITE

A espiritualidade transborda do coração alegre e pleno. O silêncio do homem espiritual fala a palavra certa para quem quer segui-lo.

Eu pratico a sabedoria do silêncio.

25 de abril

PENSAMENTO PARA A MANHÃ

Que seu coração cresça e expanda com um amor cada vez maior até que, livre do ódio, da paixão e da condenação, abrace o universo com profunda ternura.

Meditação do dia

Abençoado é aquele que obedece à verdade,
pois ele sempre será consolado.

Não haverá progresso nem realizações sem sacrifício, e o sucesso terreno do homem virá à medida que ele renunciar aos seus confusos pensamentos mundanos e fixar a mente no desenvolvimento de seus planos, no fortalecimento de suas decisões e na autoconfiança. Os poderes disciplinadores – autocontrole, autoconfiança, vigilância, perseverança, paciência e mansidão – serão os cajados que o sustentarão pelo caminho da purificação; sua mente estará plena e se aproximará da luz suprema.

PENSAMENTO PARA A NOITE

Quem corre em busca de bens materiais jamais está saciado. Contudo, quem tem fome de paz e júbilo tem seu desejo facilmente satisfeito. É feliz.

Eu abandono desejos egoístas.

PENSAMENTO PARA A MANHÃ

A ignorância e o egoísmo mantêm o homem nas trevas. Siga a luz da sabedoria e do amor ao próximo e será abençoado pelo Senhor.

Meditação do dia

Seja vigoroso no esforço, paciente na persistência e forte na resolução.

Seu coração é contaminado por quatro sentimentos: pelo desejo do prazer, pelo apego ao transitório, pelo amor ao eu e pelo desejo da continuidade pessoal. Destes quatro contaminantes emanam todos os pecados e tristezas. Limpe, pois, o seu coração. Afaste os desejos carnais. Desconecte sua mente do desejo de posse de bens materiais. Abandone a autodefesa e a autoimportância. Assim, deixando de lado todos os desejos, você alcançará a satisfação. Desconectando sua mente do amor ao que é perecível, você adquirirá sabedoria. Abandonando o pensamento do eu, você chegará à paz.

PENSAMENTO PARA A NOITE

Três pilares nos sustentam: a alma, o coração e a mente. Para termos o suporte que nos eleve a Deus, devemos ter a alma em paz, o coração fortalecido e a mente serena.

Eu valorizo a paz.

27 de abril

PENSAMENTO PARA A MANHÃ

As tentações insistem em nos cercar, e para sermos puros devemos estar livres dos desejos. O que fazer? Resistir, incansáveis, apoiados na mente em paz.

Meditação do dia

Ensine-me a fazer o que está de acordo com o eterno,
para que eu possa estar vigilante e não pecar.

Sentimentos desestabilizam o homem que quer paz de espírito. Ele é dominado por rancores e predileções infantis. Não enxerga a igualdade e a imparcialidade. Sofre com angústias que invadem seu coração fraco. É ansioso, perde o controle, e a inquietação o persegue. O virtuoso, senhor de seus sentimentos, tem o domínio das ideias e desconhece quaisquer tipos de preconceito e injustiça, porque ele não deseja nada além da serenidade; não sofre com as contradições, pois tem a mente cristalina. Não deseja a diversão, pois a alegria está dentro de si. Controlador de sua vida, seu coração transborda paz.

PENSAMENTO PARA A NOITE

Quem medita silencia a alma para ouvir a voz do coração, tem a mente centrada no mundo espiritual e a paz domina seus pensamentos.

Eu pratico pensamentos puros e bons.

PENSAMENTO PARA A MANHÃ

O homem que age corretamente se enche de alegria, mas sem paixão, pois a serenidade o domina. Seus princípios do bem são perenes e não morrem.

Meditação do dia

Esteja atento para que nenhum pensamento do eu se infiltre novamente e o macule.

Pense em si mesmo como alguém que foi abolido. Em tudo o que fizer, pense no bem do próximo e do mundo, e não no prazer ou na recompensa que pode proporcionar a si mesmo. Você não é mais um indivíduo isolado dos homens, mas forma uma unidade com todos eles. Pare de lutar contra os outros pelo seu eu, mas compadeça-se de todos. Não considere ninguém seu inimigo, porque você é amigo de todos. Esteja em paz com todos. Seja compassivo com todos os seres vivos, e que a caridade ilimitada enfeite suas palavras e ações. Este é o caminho feliz para a verdade. Isso é agir de acordo com o eterno.

PENSAMENTO PARA A NOITE

Sem o pulsar do coração não há vida, e sem vida não existe amor. Esbanje vida para espalhar o amor. Não condene, não critique nem julgue, apenas viva.

Eu ajo com amor.

PENSAMENTO PARA A MANHÃ

Treine sua mente com pensamentos fortes, imparciais e gentis. Treine seu coração na pureza e na compaixão e poderá finalmente viver o amor imortal.

Meditação do dia

O conhecimento é para aquele que procura. A sabedoria coroa aquele que se esforça. A paz fala no silêncio sem pecado. Tudo perece, a verdade sobrevive.

Cresça em força e autoconfiança. Faça com que os fantasmas de sua mente obedeçam à sua vontade. Esteja no comando de sua vida. Não permita que nenhum estado de espírito, nenhuma paixão sutil, nenhum desejo fugaz o lance na abjeção. Se cair, levante-se e retome sua condição humana, fortalecido com a baixeza e a sabedoria da queda. Lute sempre para ter o domínio da mente. Abasteça seu arsenal de força com os males confrontados e superados. Submeta-se não ao nada, mas à nobreza. Seja feliz como a criança que aprende a andar e conquista sua liberdade passo a passo.

PENSAMENTO PARA A NOITE

O homem bom se apoia em bons pensamentos, em boas palavras e em boas ações. Ao encerrar o seu ciclo, o paraíso é o seu destino.

Eu sirvo ao próximo.

PENSAMENTO PARA A MANHÃ

Aja com bondade, compaixão e caridade. Pense em todos igualitariamente, não se deixe perturbar por ninguém e será recompensado pelo poder divino.

Meditação do dia

A salvação permitirá a entrada daquele que luta,
com pecados e sofrimentos, lágrimas e dores, até alcançá-la.

Não seja o escravo da ganância, do desejo e da condescendência, da frustração, da miséria e do sofrimento. Não se intimide diante do medo e da dúvida. Não se entregue à lamentação. Controle-se com serenidade: domine em você o que domina os outros e que até aqui o dominou: não seja comandado por suas paixões, comande-as. Subjugue-se até que a paixão se transforme em paz, e a sabedoria o coroará. Assim você atingirá a salvação e o reino divino.

PENSAMENTO PARA A NOITE

Os virtuosos, sempre que necessário, perdem uma batalha para vencerem a guerra. Dessa forma, apossam-se da mente e encontram a serenidade.

Eu domino meu eu.

Maio

PENSAMENTO PARA A MANHÃ

Começar bem o dia significa que ele será repleto de alegria contagiante e invadirá seu lar com um efeito luminoso. Brilhará em você a sua luz.

Meditação do dia

Consolem-se! Porque atingirão as alturas da visão bem-aventurada.

Iolaus sabe que a tristeza acompanha a paixão, que o sofrimento, a solidão e a dor no coração sobrepõem-se a todas as alegrias mundanas, por isso está triste. No entanto, sabe também que a verdade existe e, existindo, pode ser encontrada. Embora triste, sabe que se alegrará quando tiver encontrado a verdade. O profeta revela que não há felicidade como a alegria da verdade e que quem tem o coração puro nada no mar da bem-aventurança e nunca mais sentirá tristeza nem sofrimento; pois quem poderá ver o cosmos e ser triste? Aqueles que atingiram a perfeição se rejubilam. Aquele que atingiu o autocontrole encontrou a verdade.

PENSAMENTO PARA A NOITE

Só encontra a paz aquele que vence a si mesmo e se sacrifica, que se esforça, dia após dia, para ter mais autodomínio, autocontrole e mais paz de espírito.

Eu renuncio a pensamentos confusos.

2 de maio

PENSAMENTO PARA A MANHÃ

O homem é a mente, cuja principal ferramenta é o pensamento, que modela e concretiza. Somente pensamentos corretos podem suscitar ações corretas.

Meditação do dia

Em nenhum dos três mundos a alma encontra satisfação eterna, somente na realização da retidão.

Toda alma, consciente ou inconscientemente, tem sede de retidão, e toda alma procura satisfazer essa sede de acordo com seu conhecimento. A sede é uma, e a retidão, outra; mas os caminhos pelos quais se busca a retidão são muitos. Aqueles que a procuram de modo consciente são abençoados e rapidamente descobrirão a satisfação final e permanente da alma. Aqueles que a procuram inconscientemente, embora por algum tempo possam nadar no oceano do prazer, não são abençoados e precisam trilhar com os pés dilacerados e feridos, e a alma lamentará sua herança perdida: a herança eterna da retidão.

PENSAMENTO PARA A NOITE

Um ser de pensamento evoluído compreende as relações de causa e efeito, torna-se uma pessoa serena e inabalável e para de se angustiar e de se lamentar.

Eu deixo de me lamentar e agradeço.

PENSAMENTO PARA A MANHÃ

Persiga seus objetivos sendo fiel ao seu eu divino e com o coração destemido, mas tranquilo. Assim, as leis do universo conspirarão a seu favor.

Meditação do dia

Glorioso, radiante, livre, afastado da tirania do eu?

A jornada para o reino do amor pode ser longa e entediante ou pode ser curta e rápida. Pode durar um minuto ou pode levar milhares de anos. Tudo depende da fé e da crença de quem a percorre. Como os homens podem perceber a retidão, se não acreditam nela e tampouco na possibilidade de sua concretização? Não é preciso abandonar o mundo exterior ou as obrigações que ele impõe. Não. A retidão só pode ser encontrada no desempenho generoso de suas obrigações. Mas todos os que creem e desejam atingi-la cedo ou tarde chegarão à vitória.

PENSAMENTO PARA A NOITE

A verdade concede a consolação da paz duradoura, não morre, não falha, nem desaparece. Permite que o coração se ilumine e a alma se anime, feliz.

Eu não me desanimo.

PENSAMENTO PARA A MANHÃ

Poucos são os que têm o dom da palavra, pois somente os sábios, que são poucos, sabem usá-la. Sábios são os que já elevaram seu espírito até Ele.

Meditação do dia

Ele não vive mais para si, ele vive para os outros.
E, vivendo assim, desfruta da mais alta
bem-aventurança e da mais profunda paz.

A jornada completa do reino da discórdia até o reino do amor se desenvolve em um processo que pode ser resumido nas seguintes palavras: *regulação e purificação da conduta*. Se esse processo for perseguido sem cessar, necessariamente levará à perfeição. Ele também permite perceber que, se o homem dominar certas forças interiores, chegará ao conhecimento de todas as leis que vigoram no reino de todas essas forças. Observando o trabalho incessante da causa e efeito dentro de si, até entendê-lo, ele então o estenderá em seus ajustes universais em toda a humanidade.

PENSAMENTO PARA A NOITE

Apenas ao vestir o manto da humildade, a mente e os olhos do homem têm a capacidade de enxergar no outro seu melhor companheiro.

Eu me visto de humildade.

PENSAMENTO PARA A MANHÃ

O espírito do amor de Cristo põe fim não só ao pecado, mas também a toda cisão e discórdia. Ele não compete, não condena ninguém, mas ama todos.

Meditação do dia

Fora de um esforço fervoroso para viver os ensinamentos de Jesus, não há vida verdadeira.

O homem bom é a flor da humanidade, e para se tornar cada dia mais puro e mais semelhante a Deus, pela superação de tendências egoístas, ele precisa se aproximar continuamente do coração divino. "Que aquele que queira ser meu discípulo possa negar a si mesmo diariamente" é uma afirmação que não pode ser mal-entendida ou mal aplicada, mas de qualquer maneira pode ser ignorada. Não há no universo um substituto para a bondade. Até que o homem se aproprie dela não terá nada valioso ou duradouro. Para possuir a bondade, o caminho é *abdicar de tudo que se oponha a ela.*

PENSAMENTO PARA A NOITE

Ao abandonar o pecado e o egocentrismo, o coração recupera a alegria imperecível. Ela chega e habita na serenidade do coração vazio do eu.

Eu estou comprometido com o amor.

PENSAMENTO PARA A MANHÃ

No coração puro não há espaço para que julgamentos pessoais e o ódio possam se alojar, porque ele transborda de ternura e amor abundantes.

Meditação do dia

Viver o amor sempre e em tudo é viver a verdadeira vida, é ter a própria vida.

Jesus viveu assim, e todos os homens devem viver assim se quiserem humilde e fielmente cumprir Seus preceitos divinos. Recusando-se a fazer isso, apegados aos seus desejos, paixões e julgamentos, eles não poderão ser considerados Seus discípulos. Eles serão discípulos do próprio eu. "Em verdade, em verdade vos digo: quem pecou está a serviço do pecado", esta é a ordem para buscar Jesus. Que os homens parem de se iludir, acreditando que podem manter sua má índole, paixões, ódios pessoais e suas disputas mesquinhas e ainda ter Cristo.

PENSAMENTO PARA A NOITE

Lamentos e insultos devem ser banidos da mente do homem, para que busque a justiça interior que rege sua vida.

Eu não me lamento nem blasfemo.

PENSAMENTO PARA A MANHÃ

Escolher entre o mal e o bem está dentro de você para construir a verdade e o amor ou a mentira e o ódio. O poder de ser ou não ser é seu.

Meditação do dia

O caminho estreito é o caminho da renúncia ou abnegação.

Apegar-se a conceitos não é menos egoísta e pecador do que apegar-se a desejos impuros. Por saber disso, o homem bom abdica de si mesmo incondicionalmente para se entregar ao espírito do amor, e o amor habita nele em relação a tudo. Ele não discute com ninguém, não condena ninguém, não odeia ninguém, mas ama a todos e vê, por trás de seus conceitos, crenças e pecados, seus esforços, tristezas e corações sofredores. "Aquele que amou sua vida pode perdê-la." A vida eterna pertence àquele que obedientemente renuncia ao seu eu pessoal mesquinho, limitado e preso ao pecado.

PENSAMENTO PARA A NOITE

Ao pensar na serenidade e na paciência continuamente e vivê-las em plenitude, elas se tornarão sua segunda natureza.

Eu cultivo a serenidade.

8 de maio

PENSAMENTO PARA A MANHÃ

O homem tem livre-arbítrio para povoar sua mente com os pensamentos que julgar certos, e se assim o fizer ascenderá à perfeição divina.

Meditação do dia

O homem não aprenderá nada se não se considerar um aprendiz.

Um homem teve a boa sorte de ser chamado por Deus para observar o mundo ao seu lado, no reino divino. Viu dois homens brigando. Um deles era seu amigo e outro era... ele, chorando e acuado. Ouvia palavras de desagravo, injúrias e ofensas. Ficou irritado e amaldiçoou aquele que considerava seu amigo. Foi quando Deus perguntou: "Não vê que esse é o mesmo tratamento que dirige a ele como amigo?". O homem se encolheu de vergonha. Como poderia cobrar tolerância e amor de seu amigo se nada disso ele lhe oferecia? Sim, porque essa é a lei do retorno: você recebe aquilo que doa.

PENSAMENTO PARA A NOITE

O homem que acha que já sabe de tudo e não tem mais nada a aprender é um tolo, pois o universo é infinito e o aprendizado jamais termina.

Eu me considero um eterno aprendiz.

PENSAMENTO PARA A MANHÃ

Não importa se hoje o universo está contra você e o amanhã não for como deseja, pois sua vida mudará se usar a força purificadora da autoconquista.

Meditação do dia

Antipatias pessoais, embora possam parecer naturais para o homem animal, não cabem na vida divina.

Enquanto uma pessoa estiver envolvida em resistir ao mal, ela não só não pratica o bem como se envolve na mesma paixão e no mesmo preconceito que condena em outros. Como resultado direto de sua atitude mental, os outros se afastam dela como se afastam do mal. Resista a uma pessoa, a uma festa, a uma religião, a um governo como a um mal e será combatido como o mal. Aquele que considera que um grande mal deve ser combatido e condenado, que pare de combater e condenar. Que ele se afaste de tudo o que até agora considerou o mal e comece a procurar o bem, e será salvo.

PENSAMENTO PARA A NOITE

São as forças do pensamento silencioso e vitorioso que fazem tudo se manifestar. O universo evoluiu a partir do pensamento.

Eu pratico a fé perfeita e inabalável.

PENSAMENTO PARA A MANHÃ

Concentre seus esforços em bons pensamentos. Assim cultivará a serenidade e o repouso e será reconhecido pelo Senhor divino.

Meditação do dia

A humanidade é essencialmente divina.

Por tanto tempo o homem habitou a morada do pecado que chegou a se considerar originário dela e eliminado da fonte divina que ele julga estar fora e distante de si. Mas o homem é basicamente um ser espiritual, e como tal é da mesma substância e natureza do espírito eterno: a realidade imutável que os homens chamam Deus. A bondade é seu estado verdadeiro, a perfeição é sua herança. Ao negar e abandonar o seu eu agora – ou seja, seus desejos febris, seu orgulho, egoísmo e satisfação pessoal –, será pleno e feliz.

PENSAMENTO PARA A NOITE

Não deixe para amanhã o que quer e espera ser. O tempo não para, não adie o seu futuro, o reino divino pode estar mais próximo do que pensa.

Eu não procrastino.

PENSAMENTO PARA A MANHÃ

Ao homem que não sente mais satisfação nos prazeres mundanos e se aperfeiçoa no conhecimento e no amor, será dado o reino divino.

Que aquele que reconhece que o coração do homem é bom lance fora todas as suas ideias e suspeitas sobre o "mal" nos outros e encontre e pratique o bem que há em si.

O homem tem dentro de si o poder divino que lhe permite alcançar os níveis mais elevados da conquista espiritual. Esse poder lhe permite livrar-se do pecado, da vergonha e da tristeza e fazer a vontade do Pai, o bem supremo. Esse poder lhe permite vencer todos os poderes da escuridão interior, permanecendo radiante e livre. Esse poder lhe permite subjugar o mundo e escalar os mais elevados pináculos de Deus. O homem pode conseguir tudo isso por opção, por decisão e por sua força divina. Mas ele só terá êxito pela *obediência*. Ele precisa escolher ser sereno e humilde de coração

PENSAMENTO PARA A NOITE

Aquele que compreende a total simplicidade da vida, que obedece a suas leis, e não se desvia pelos meandros da escuridão, não é atingido por mal algum.

Eu compreendo a simplicidade.

12 de maio

PENSAMENTO PARA A MANHÃ

Cada um colhe os resultados dos próprios pensamentos e ações e padece com os próprios erros.

Meditação do dia

O evangelho de Jesus é um evangelho de vida e obras.

É maravilhoso Jesus ter sido sereno, humilde, amoroso, compassivo e puro, mas isso não basta. É preciso que você também seja tranquilo, humilde, amoroso, compassivo e puro. Que Jesus subordinou a própria vontade à vontade do Pai é inspirador, mas não basta. É preciso que você também se subordine à vontade soberana do bem. A graça e a beleza presentes em Jesus podem não ter valor para você, podem não ser entendidas por você, a menos que também estejam *em você*, e elas podem nunca estar, a menos que as pratique. A bondade pura é religião, e fora dela não há religião.

PENSAMENTO PARA A NOITE

Você cria as próprias sombras. Deseje, e se lamentará. Renuncie, e se regozijará.

Eu renuncio.

PENSAMENTO PARA A MANHÃ

Seja alegre e santo para que sua tristeza não seja eterna, que se disperse como uma nuvem e que as tormentas do pecado desapareçam para sempre.

Meditação do dia

*Somente aquele que exercita o perdão
experimenta o seu doce sabor.*

Para todos nós não há suficiência, não há bem-aventurança nem paz que provenha da bondade de outro, nem mesmo da bondade de Deus. Até que a bondade seja *praticada* por nós, até que ela seja, por um esforço constante, incorporada ao nosso ser, não poderemos conhecer e possuir sua bem-aventurança e paz. Portanto, aquele que adora Jesus por Seus atributos divinos, pratique essas qualidades e se tornará divino.

PENSAMENTO PARA A NOITE

A única e suprema utilidade do sofrimento é purificar, apagar tudo o que é inútil e contaminado. Para o puro não há calvário.

Eu pratico a bondade.

PENSAMENTO PARA A MANHÃ

O autocontrole não deve ser associado a uma repressão destrutiva, mas a uma expressão construtiva. É a capacidade de ser o senhor de seu caminho e vida.

Meditação do dia

O princípio do amor contém todo o conhecimento, a inteligência e a sabedoria.

Quando Jesus disse "Sem mim nada é possível", Ele falava não de Sua forma perecível, mas do espírito universal do amor, do qual Sua conduta era uma manifestação perfeita. Sua palavra é a confirmação de uma verdade simples. Porque as obras do homem são vãs e inúteis quando realizadas com fins pessoais, e ele próprio continuará sendo um ser perecível, mergulhado na escuridão e com medo da morte, enquanto viver apegado às suas satisfações pessoais. O ser irracional que vive dentro do homem nunca responderá ao divino e não o conhecerá; somente o divino pode responder ao divino.

PENSAMENTO PARA A NOITE

Serei puro quanto entender o mistério da vida. Estarei seguro quando estiver livre do ódio, da luxúria e da discórdia.

Eu pratico o princípio do amor.

PENSAMENTO PARA A MANHÃ

Aquele que sabe que o amor vence e que seu poder em atacar o ódio cruel é prevalente, será sábio, não carregará a dor da paixão e viverá em harmonia.

Meditação do dia

O amor não está completo até que o homem o viva.

Os preceitos de Jesus exigem sacrifício incondicional dos elementos pessoais egoístas antes de serem cumpridos. O homem não conhecerá o real enquanto estiver preso ao irreal. Ele não pode estar a serviço da verdade enquanto estiver preso ao erro. Se o homem preza a luxúria, o ódio, o orgulho, a vaidade, o comodismo, ele não fará nada, pois as obras desses elementos pecaminosos são irreais e perecíveis. Apenas quando se refugiar no espírito do amor interior e tornar-se paciente, puro, piedoso e misericordioso ele poderá realizar as obras da retidão e colher os frutos da vida.

PENSAMENTO PARA A NOITE

Quem ama Jesus por seus atributos divinos deve praticar essas qualidades para também se tornar divino.

Eu pratico as virtudes ensinadas por Jesus.

16 de maio

James Allen

PENSAMENTO PARA A MANHÃ

Nossa vida é mercê de nossa mente, e isto só nos deixa mais cientes de que temos o domínio de pensamentos e ações para chegar ao Senhor.

Meditação do dia

Para que a realidade viva dentro dele, o homem precisa abandonar completamente todas as tendências humanas que frustram sua perfeita manifestação.

O homem só pode aliar-se conscientemente à vinha do amor se abandonar a discórdia, o ódio, a condenação, a impureza, o orgulho, o egoísmo, e pensar em realizar somente ações louváveis. Ao agir assim ele desperta dentro de si a natureza divina que até então crucificou e negou. Toda vez que o homem abre espaço para raiva, impaciência, cobiça, orgulho, vaidade ou qualquer outra forma de egoísmo pessoal, ele nega Cristo, ele se fecha para o amor. Assim, além de rejeitar Cristo, recusa-se a adotar uma crença formulada. Cristo só é revelado a quem se converteu do pecador ao ser puro e terno. Essa percepção gloriosa é a coroação da evolução, o objetivo supremo da existência.

PENSAMENTO PARA A NOITE

Pela superação contínua do eu, o homem domina os meandros sutis da mente, permitindo-lhe consolidar a serenidade baseada no conhecimento divino.

Eu almejo a paz duradoura.

PENSAMENTO PARA A MANHÃ

Quem goza da paz do reino do amor está livre de ansiedade e preocupações; e, ao permanecer nele, incorpora a felicidade.

Meditação do dia

Assim como o eu é a principal causa da discórdia e do sofrimento, o amor é a principal causa da paz e da bem-aventurança.

Aqueles que repousam no reino do amor não procuram felicidade na posse de bens externos. Eles sabem que todos esses bens são efeitos meramente passageiros, que surgem quando convêm e desaparecem depois que seu propósito é atingido. Eles nunca pensam nesses elementos (dinheiro, roupas, alimento etc.), senão como meros acessórios e *efeitos* da verdadeira vida. Eles estão livres da ansiedade e da perturbação e repousam no amor. Colocam-se acima dos princípios imperecíveis da pureza, da compaixão, da sabedoria e do amor. Eles são imortais e sabem que são imortais. Todas as pessoas são essencialmente divinas, embora não tenham consciência de sua natureza divina.

PENSAMENTO PARA A NOITE

Quem tem amor no coração está unido a Deus, o supremo, e sabe disso. Conhecendo a verdade do mundo, não encontra espaço para a condenação.

Eu vivo uma vida de amor, alegria e resiliência.

PENSAMENTO PARA A MANHÃ

Jesus exorta o homem a se afastar do pecado e promete, em troca, júbilo, a bem-aventurança e paz perfeita.

Meditação do dia

A raiz de todo pecado é a ignorância.

Para atravessar o portal do reino divino, os homens cumprem todos os seus deveres com a mais escrupulosa diligência, excluem os pensamentos do eu e utilizam todos os seus meios, poderes e faculdades, que são grandemente intensificados, para construir o reino da virtude no coração do próximo e no mundo que os rodeia. É esse o seu trabalho, primeiro pelo exemplo, depois pelo preceito. Eles não sofrem mais, mas vivem em perpétua alegria, porque, embora vejam o sofrimento no mundo, eles também veem a bem-aventurança final e o refúgio eterno. Quem estiver preparado pode entrar agora.

PENSAMENTO PARA A NOITE

Você sofre a influência das circunstâncias porque não compreende verdadeiramente a natureza, a utilidade e o poder do pensamento.

Eu compreendo o poder do pensamento.

*Meditação e pensamentos
para cada dia do ano*

19 de maio

PENSAMENTO PARA A MANHÃ

O reino de Deus é um espelho do reino divino que repousa em seu coração e no de todos que abdicaram do egoísmo para se entregar ao próximo.

Meditação do dia

*O céu não é um lugar especulativo além-túmulo.
O céu é um lugar real, sempre presente no coração.*

"A menos que o homem nasça de novo, ele não conseguirá ver o reino de Deus." O homem precisa se tornar um novo ser. E como poderá se tornar um novo ser senão abandonando completamente seu antigo eu? Que o último estado do homem seja pior que o primeiro para aquele que imagina que, embora continue se apegando ao seu antigo temperamento, à antiga falta de preceitos, à sua antiga vaidade, ao seu antigo egoísmo, possa se tornar um "novo ser" de alguma forma misteriosa e inexplicável, pela adoção de alguma teologia específica ou de uma fórmula religiosa. O céu está onde o amor impera e a paz nunca desaparece.

PENSAMENTO PARA A NOITE

A única salvação reconhecida e imaginada por Jesus é a salvação do pecado e dos efeitos do pecado, *aqui e agora*.

Eu acredito na salvação.

PENSAMENTO PARA A MANHÃ

Uma das faces da simpatia é a compaixão – compaixão por uma angústia ou dor sofrida com a intenção de ajudar ou aliviar o sofrimento do próximo.

Meditação do dia

Ao piedoso, humilde e verdadeiro será revelada a visão sublime do perfeito.

A mensagem de Jesus é a boa-nova que revela ao homem Suas possibilidades divinas. Ela exorta, essencialmente, que a humanidade contaminada pelo pecado "se levante e ande". A boa-nova anuncia que o homem não precisa mais continuar sendo um ser da escuridão, da ignorância e do pecado, se acreditar na *bondade* e vigiar, se esforçar e lutar até incorporar em sua vida a bondade sem pecado. E assim, acreditando e se superando, que o homem siga não só essa regra perfeita que Jesus incorporou em Seus preceitos, mas também o guia interior, o espírito da verdade no próprio coração.

PENSAMENTO PARA A NOITE

O espírito da verdade é a luz que ilumina cada homem que vem ao mundo, e ao segui-la ele testemunhará a origem divina de seus preceitos.

Eu sigo o espírito da verdade.

PENSAMENTO PARA A MANHÃ

Se um dia a amizade ou o amor não mais existir entre duas pessoas, não se lamente. Sinta saudade do que foi vivido e aprendido e agradeça a isso.

Meditação do dia

O reino celestial é a confiança perfeita, o perfeito conhecimento e a perfeita paz.

Os filhos do reino são *conhecidos por sua vida*. Eles manifestam os frutos do espírito – amor, alegria, paz, resignação, bondade, generosidade, fidelidade, mansidão, temperança, autocontrole – em todas as circunstâncias e vicissitudes. Eles se libertaram completamente da raiva, do medo, da desconfiança, do ciúme, dos caprichos, da ansiedade e do sofrimento. Vivendo na virtude divina, eles manifestam qualidades que são opostas às qualidades materiais que o mundo considera tolas. Eles não reivindicam *direitos*, eles não se defendem, não retaliam, fazem o bem aos que tentam prejudicá-los, oferecem o mesmo espírito amável a quem se opõe a eles.

PENSAMENTO PARA A NOITE

Uma forma de simpatia é nos rejubilar com aqueles que são mais bem-sucedidos que nós, e assim o sucesso deles se tornará também nosso.

Eu me rejubilo com a conquista dos outros.

PENSAMENTO PARA A MANHÃ

Nossa mente deve estar em constante vigilância, pois as tentações do egoísmo e da luxúria são incansáveis na busca por uma moradia vazia.

Meditação do dia

Encontre o reino pelo esforço diário e pelo trabalho paciente.

O templo da retidão foi construído, e os quatro princípios – pureza, sabedoria, compaixão e amor – são seus pilares. A paz é seu telhado, e o piso a perseverança. A porta de entrada é o serviço abnegado, sua atmosfera é a inspiração e sua música, a alegria da perfeição. Ele não pode ser abalado e, sendo eterno e indestrutível, não precisa mais procurar proteção nem se preocupar com o amanhã. Com o reino dos céus instalado no coração, não precisa mais se preocupar em obter as necessidades materiais da vida, pois são adicionadas como efeitos à causa, porque encontraram o Altíssimo.

PENSAMENTO PARA A NOITE

Há momento para nascer e há momento para morrer. O homem necessita de tempo para trilhar, sem retorno, o caminho até o Senhor. Respeitemos.

Eu pratico o respeito.

PENSAMENTO PARA A MANHÃ

Aquele que venceu a dúvida e o medo venceu o fracasso. Todas as dificuldades são corajosamente identificadas e sabiamente superadas.

Meditação do dia

Tudo é possível agora, e somente agora.

A hora da realidade é o agora. Ele é mais e maior que o tempo. É uma realidade sempre presente. Para ele, não há passado nem futuro, mas é eternamente poderoso e significativo. Cada minuto, cada dia e cada ano são um sonho assim que ele passou. Ele existe somente como um cenário imperfeito e insignificante na memória, se não for fortemente incorporado e vivido. Passado e futuro são sonhos. O agora *é* a realidade. Tudo é agora, todo poder, toda possibilidade, toda ação é agora. Não agir e não realizar agora é não agir e não realizar nunca.

PENSAMENTO PARA A NOITE

Estarei na verdade e a verdade habitará em mim. Estarei salvo, lúcido e completamente livre quando for puro.

A verdade habita em mim.

24 de maio

James Allen

PENSAMENTO PARA A MANHÃ

O homem não deve ser um causador de discórdia, porque somente assim ele pode entrar na vida imensa, bela, livre e gloriosa do amor abundante.

Meditação do dia

Pare de trilhar cada caminho secreto que tenta levar sua alma para a terra das sombras.

O homem tem todo poder agora, mas, como não sabe disso, ele afirma: "Vou ser perfeito no próximo ano ou em muitas vidas". Aqueles que habitam o reino de Deus, que vivem somente no agora, dizem: "Eu sou perfeito agora", e, abstendo-se de todo pecado agora e vigiando incansavelmente todos os portais da mente, sem olhar para o passado ou para o futuro, sem se virar para a esquerda ou para a direita, continuam eternamente santos e bem-aventurados. "A hora da aceitação é agora. O dia da salvação é agora." Repita para si mesmo: "Vou viver meu ideal agora. Serei meu ideal agora".

PENSAMENTO PARA A NOITE

O silêncio sereno da mente reflete a tranquilidade no coração daquele que está em constante vigília em busca do pensamento divino.

Eu sou perfeito agora.

PENSAMENTO PARA A MANHÃ

Pense em alguém que observa e ouve mais do que fala. Não à toa, Deus deu ao homem dois olhos, dois ouvidos e uma boca. Olhe-se no espelho e reflita.

Meditação do dia

Seja resoluto. Siga um só propósito.
Renove sua resolução diariamente.

Na hora da tentação, não se afaste do caminho certo. Evite entusiasmos. Quando as paixões despertarem, não se deixe cegar por elas. Quando a mente divagar, traga-a de volta e ocupe-a com pensamentos mais elevados. Não pense: "Posso buscar a verdade em meu Mestre ou nos livros". Você só encontrará a verdade praticando-a. O Mestre e os livros não podem fazer nada além de lhe oferecer instruções. Você precisa aplicá-las. Somente aqueles que praticam fielmente as regras e lições dadas e confiam inteiramente nos próprios esforços serão iluminados.

PENSAMENTO PARA A NOITE

A ambição por bens materiais afasta cada vez mais o homem da paz e não só acaba em privação, mas também é em si um estado de contínua necessidade.

Eu procuro a paz.

PENSAMENTO PARA A MANHÃ

O homem precisa entender e conhecer os próprios defeitos, pois não se pode combater e vencer o desconhecido. A ignorância é aliada do egoísmo.

Meditação do dia

Evite exageros. Basta a verdade.

Pronuncie somente palavras verdadeiras e sinceras. Não engane por palavras nem por olhares ou gestos. Evite a calúnia como uma cobra mortífera para não ser apanhado em suas ciladas. Aquele que fala mal do próximo não encontrará o caminho da paz. Evite a dispersão de rumores inúteis. Não comente sobre casos particulares de outros, não discuta os rumos da sociedade nem critique o eminente. Não recrimine nem acuse outras pessoas de ofensas, mas receba todas as ofensas com um comportamento irrepreensível. Seriedade e respeito são sinais de pureza e sabedoria.

PENSAMENTO PARA A NOITE

O repouso dos justos reflete a calma da mente, a serenidade do coração e a retidão das atitudes. Dê valor aos seus sentimentos e aos do próximo.

Eu quero viver o amor e a claridade.

PENSAMENTO PARA A MANHÃ

A pressa jamais é necessária. Cada ato praticado deve ser consciente para que não se volte atrás. Retroceda apenas se houver dúvida em seu coração.

Meditação do dia

É bom praticar abstinência, sobriedade e autocontrole.

Cumpra seus deveres com o máximo de lealdade e desinteressado de qualquer tipo de recompensa. Não permita que nenhum pensamento de prazer o desvirtue de seu dever. Não interfira nas atividades dos outros. Seja íntegro em tudo. Sob o julgamento mais severo, mesmo que sua felicidade e sua vida pareçam estar em jogo, não se desvie do que é certo. O homem de integridade inviolável é invencível. Ele não é confundido e escapa dos labirintos dolorosos da dúvida e da desorientação. Se alguém o maltratar, acusá-lo ou falar mal de você, manifeste-se com seu silêncio. Com inteligência.

PENSAMENTO PARA A NOITE

Meditar centrado em bons pensamentos e desejos virtuosos tem o mesmo valor que oferecer uma oração ao Senhor. Meditar é conversar com Ele.

Eu estou centrado em bons pensamentos.

28 de maio

PENSAMENTO PARA A MANHÃ

Ser inteligente e sábio nada mais é do que ter sempre a mente focada em pensamentos positivos e verdadeiros. O divino será uma consequência.

Meditação do dia

Que sua benevolência aumente e se estenda até que o eu seja engolido pela amabilidade.

Não admita a má vontade. Subjugue a raiva e supere o rancor. Pense em tudo e aja em relação a tudo com a mesma bondade e compaixão. Mesmo sob a provação mais severa, não dê espaço para a amargura ou palavras de ressentimento, mas enfrente a raiva com a serenidade; o escárnio com a paciência; e o ódio com o amor. Não seja violento, mas pacificador. Não potencialize as divergências entre as pessoas nem promova a discórdia tomando partido de um lado ou de outro, mas trate todos com a mesma justiça, o mesmo amor e a mesma boa vontade.

PENSAMENTO PARA A NOITE

Não condene aqueles que não seguem o caminho do bem, mas proteja-os com compaixão e amor, trilhando você mesmo o caminho do bem.

Eu pratico a compaixão e o amor.

PENSAMENTO PARA A MANHÃ

Se em seu coração você está constantemente acusando e condenando os outros é porque não conhece o amor abnegado. Transforme-se.

Meditação do dia

Seja justo, inteligente e sensato.

Faça a razão prevalecer e a experimente em tudo. Seja ávido por lucidez, lógico nos pensamentos e consistente nas palavras e ações. Permita que o farol do conhecimento brilhe sobre sua mente para simplificá-la e remover seus erros. Questione-se com a consciência rigorosa. Não se prenda a crenças, boatos e especulação, mas prenda-se ao conhecimento. Aquele que se apoia no conhecimento adquirido pela prática sente-se suficientemente confiante e poderoso para anunciar a palavra da verdade. Assim será revelada a glória e a alegria de uma vida de virtude sublime e pureza imaculada.

PENSAMENTO PARA A NOITE

Treine sua mente com pensamentos fortes, imparciais e gentis para seguir pelo caminho da santidade e da paz e, finalmente, viver o amor imortal.

Eu treino minha mente para não viver no caos.

30 de maio

PENSAMENTO PARA A MANHÃ

Apague a chama da raiva com a água pura da verdade. Seja moderado em suas palavras, não profira nem compartilhe gracejos grosseiros ou indecorosos.

Meditação do dia

Treine sua mente para entender a grande lei das causas, que é a justiça infalível.

Então você verá não com os olhos dos prazeres da carne, mas com o olhar único e puro da verdade. Sendo um ser racional, você perceberá sua natureza – como você evoluiu ao longo de inúmeras eras de experiência, como se elevou ao longo de uma linha ininterrupta de vidas, de baixo para o alto e do alto para o ainda mais alto, como as tendências da mente em constante mudança se formaram pelo pensamento e por ações e como suas obras fizeram de você o que você é. Assim o domínio da verdade será completo.

PENSAMENTO PARA A NOITE

Onde a mente serena está existe força e repouso, amor e sabedoria. Há alguém que combateu inúmeras batalhas contra o eu e triunfou.

Eu vigio minhas paixões e minhas emoções, para não deixar que me dominem.

PENSAMENTO PARA A MANHÃ

Gentileza gera gentileza, assim como a simpatia e a paz de espírito são contagiantes. Apenas sorria, e certamente fará alguém feliz.

Meditação do dia

Confie em si mesmo, mas que sua confiança seja santa e não egoísta.

A estupidez e a sabedoria, a fraqueza e a força estão dentro do homem, e não fora dele, nem brotam de qualquer causa externa. O homem não pode ser forte pelo outro; ele só pode ser forte por si mesmo. Ele não pode vencer pelo outro, ele só pode vencer por si mesmo. Você pode aprender com o outro, mas precisa realizar por si mesmo. Deixe de lado todas as glórias externas e confie na verdade que está dentro de si. Uma doutrina não manterá o homem íntegro na hora da tentação. Ele precisa ter o conhecimento interior que destrói a tentação.

PENSAMENTO PARA A NOITE

Só encontra a paz aquele que vence a si mesmo, aquele que se esforça, dia após dia, para ter mais autodomínio, autocontrole e mais paz de espírito.

Trabalho para ter paz de espírito todos os dias.

Junho

PENSAMENTO PARA A MANHÃ

Podemos renascer todos os dias, basta refletir sobre tudo o que foi feito e fazer melhor, com um espírito mais elevado e mais sábio, quando possível.

Meditação do dia

*O incentivo para o trabalho altruísta não
está em qualquer teoria sobre o universo, mas
no espírito do amor e na compaixão.*

Aqueles que se encontram em "situação confortável" são frequentemente envolvidos em maiores sofrimentos que os menos favorecidos, mas todos colhem a própria safra mista de felicidade e sofrimento. A justiça absoluta encoraja na mesma medida ricos e pobres, pois quando diz aos ricos que são egoístas e opressores ou que utilizam mal a sua riqueza, que eles colherão o que plantaram, ela também diz aos menos favorecidos que, como eles estão colhendo agora o que semearam antes, poderão semear bons grãos de pureza, de amor e de paz, e rapidamente extrairão também a safra do bem e superarão seus infortúnios atuais.

PENSAMENTO PARA A NOITE

Não desista de seu sucesso espiritual; o tempo para conquistá-lo será diretamente proporcional ao desapego e à renúncia aos valores profanos.

**Todos os dias trabalho para
me superar e melhorar.**

PENSAMENTO PARA A MANHÃ

Você deve ser o que pensa. Suas ações devem refletir seus pensamentos e suas palavras, o que está em sua mente. Seja honesto com todos, sobretudo consigo.

Meditação do dia

O homem é o construtor da própria felicidade e infortúnio.

São as atitudes mentais firmemente estabelecidas que determinam os caminhos da conduta, e desses caminhos surgem reações chamadas felicidade e infelicidade. Por isso, para mudar uma situação reativa, é preciso mudar o pensamento ativo. Para substituir o infortúnio pela felicidade deve-se reverter conceitos vigentes e a conduta que causa o infortúnio; assim, o efeito inverso aparecerá na mente e na vida. É impossível ser feliz agindo de maneira egoísta. Não se pode ser infeliz comportando-se altruisticamente. Para cada causa haverá uma consequência.

PENSAMENTO PARA A NOITE

Para cada ação haverá uma reação. Ao se conscientizar da lei do retorno, o homem será mais cauteloso ao reagir diante das adversidades e terá paz.

**Eu trabalho minha mente
para ter paz de espírito.**

PENSAMENTO PARA A MANHÃ

Saiba que as leis do universo nunca falham; o que é seu voltará para você na mesma proporção. Portanto, tenha fé e a fé germinará em suas atitudes.

Meditação do dia

Os homens vivem em esferas inferiores ou superiores de acordo com a natureza de seus pensamentos.

Pense em uma pessoa com a mente falsa, gananciosa e invejosa, e como tudo deve parecer-lhe mesquinho, mau e sombrio. Desprovida de qualquer grandeza, assim vê o próximo. Sendo desprezível, é incapaz de ver nobreza em qualquer ser humano. Pense agora em uma pessoa com uma mente justa, caridosa e magnânima, e como seu mundo deve ser maravilhoso e belo. Em sua presença, o mais vil esquece sua natureza e torna-se igual a ela, captando um vislumbre, ainda que confuso, dessa elevação temporária de uma ordem mais alta do mundo, de uma vida imensuravelmente mais nobre e mais feliz.

PENSAMENTO PARA A NOITE

Caminharei para onde a saúde, a retidão, o sucesso e o poder me esperam. Com amor e fé, persistirei e finalmente verei a terra da imortalidade.

Eu caminho com passos e ações firmes para a vitória.

PENSAMENTO PARA A MANHÃ

Controle a mente, refreie a amargura e o ressentimento. Procure adquirir uma bondade perseverante, e o espírito da boa vontade finalmente nascerá.

Meditação do dia

O homem mesquinho e o homem caridoso vivem em mundos diferentes, apesar de serem vizinhos.

Não se conquista o reino do céu pela violência, mas aquele que age de acordo com seus princípios recebe o aceno sagrado. O bandido circula em uma sociedade de bandidos. O santo é membro de uma irmandade de eleitos cuja comunhão é música divina. Cada um transita pelo círculo limitado ou ampliado dos próprios pensamentos, e para ele nada existe fora desse círculo. O menor não pode conter o maior, e ele não tem como apreender as mentes mais esclarecidas. Só se adquire esse conhecimento pelo crescimento.

PENSAMENTO PARA A NOITE

Ao pedirmos bênção ao divino com uma mão, com a outra devemos agradecer todos os dias a nossa vida e a chance de buscar a felicidade.

Estou sempre corrigindo minhas falhas.

PENSAMENTO PARA A MANHÃ

Os virtuosos se colocam em xeque e vigiam suas paixões e emoções. Dessa forma, eles se apropriam da mente e, aos poucos, adquirem a serenidade.

Meditação do dia

O mundo material é a outra metade do mundo dos pensamentos.

O interior se comunica com o exterior. O superior abraça o inferior. A matéria é a contrapartida da mente. Eventos são fluxos de pensamentos. As circunstâncias são combinações de pensamentos. As instâncias externas e as ações de terceiros, nas quais cada um se envolve, estão intimamente relacionadas às próprias necessidades e ao seu desenvolvimento mental. O homem faz parte do seu entorno. Ele não está isolado de seus colegas, está fortemente ligado a eles por uma intimidade e interação de ações especiais e pelas leis fundamentais de pensamento, que são as raízes da sociedade humana.

PENSAMENTO PARA A NOITE

É impossível anular os efeitos, mas possível mudar as causas. O homem é capaz de reformular seu caráter e de sentir a grande alegria na sua transformação.

Eu fujo do egoísta.

6 de junho

PENSAMENTO PARA A MANHÃ

O homem não pode mudar as ações dos outros em relação a si, mas pode moldar corretamente suas ações em relação a eles.

Meditação do dia

O aperfeiçoamento de suas ações é o dever supremo e a mais sublime realização do homem.

A causa de sua escravidão e de sua salvação é interior. Os danos que os outros lhe causam são o reflexo de suas ações, o reflexo de sua atitude mental. *Eles* são os instrumentos, e *você* é a causa. O destino são os frutos maduros. Os frutos da vida, tanto os azedos quanto os doces, são oferecidos a cada um na medida justa. O homem íntegro é livre. Ninguém pode atingi-lo. Ninguém pode destruí-lo. Ninguém pode roubar sua paz. Sua atitude em relação às pessoas, que nasce da compreensão, desarma o poder que elas têm de feri-lo, e o homem se fortalece.

PENSAMENTO PARA A NOITE

Enfrentar seus medos e sofrimentos é um desafio que machuca, principalmente a alma, mas fortalece o coração para encarar outros reveses.

Eu me entrego à sabedoria.

PENSAMENTO PARA A MANHÃ

Para escalar uma montanha, precisamos de muito tempo e sacrifício. Mas basta um leve tropeço para escorregarmos e voltarmos ao sopé da encosta.

Meditação do dia

O homem é o fator mais importante.

O homem acredita que pode realizar ações grandiosas se não for impedido pelas circunstâncias, pela falta de dinheiro, de tempo, de influência e por falta de liberdade dos laços familiares. Na verdade, nenhuma dessas circunstâncias constitui um impedimento para o homem. Em sua mente, ele atribui a elas um poder que não possuem e se submete não a elas, mas à sua opinião sobre elas, ou seja, a um elemento fraco de sua natureza. A "falta" real que o impede é *a falta da atitude mental*. Ao se dar conta de que os obstáculos são os degraus para o seu êxito, ele renascerá e alcançará seus objetivos.

PENSAMENTO PARA A NOITE

Suave é o descanso e profunda é a bem-aventurança daquele que libertou seu coração da tristeza e da angústia e alcançou a plenitude da paz, a felicidade.

Eu reforço minha atitude mental.

8 de junho

PENSAMENTO PARA A MANHÃ

O espírito do amor não diminui quando o homem percebe que a perfeita justiça está no domínio espiritual do mundo.

Meditação do dia

Nada nos impede de atingir os objetivos de nossa vida.

O poder do homem subsiste na discriminação e na escolha. O homem não cria as condições e leis universais. Elas são os princípios essenciais da vida e não são criadas nem destruídas. O homem simplesmente as descobre. Ignorá-las é a essência do sofrimento do mundo. Desobedecer é loucura e escravidão. Quem é mais livre, o ladrão que infringe as leis de seu país ou o cidadão honesto que as cumpre? Quem é mais livre, o tolo que pensa que pode viver como quiser, ou o sábio que faz somente o que é correto?

PENSAMENTO PARA A NOITE

Só se chega à sabedoria infalível pela prática constante do pensamento puro e pela prática do bem, harmonizando a mente e o coração.

Eu procuro praticar a bondade.

PENSAMENTO PARA A MANHÃ

Não crie barreiras entre ricos e pobres, governantes e governados, patrões e criados. Trate todos cordialmente, entendendo suas diferentes funções.

Meditação do dia

Ele se torna senhor do inferior colocando-se a serviço do superior.

O homem repete os mesmos pensamentos, ações e experiências recorrentemente, até que se incorporem em seu ser, até se integrarem em seu caráter e tornarem-se parte dele. Evolução é acumulação mental. O homem atual é o resultado de milhões de pensamentos e ações repetitivos. Ele não vem pronto, ele se torna alguém e ainda está se tornando. Seu caráter é predeterminado por suas escolhas. O homem torna-se os pensamentos e as atitudes que, por hábito, escolhe. Assim, cada pessoa é resultado de um acúmulo de pensamentos e ações que ampliarão seus conhecimentos.

PENSAMENTO PARA A NOITE

O ser humano não pode mudar o mundo para adequá-lo a seus caprichos e desejos, mas ele pode se afastar de seus caprichos e desejos e fazer o bem.

Eu reafirmo o bem.

PENSAMENTO PARA A MANHÃ

O homem é um ser coletivo, que vive em sociedade. Portanto, escolha pessoas dispostas a enfrentar as mesmas dificuldades e alegrias ao seu lado.

Meditação do dia

Pelos pensamentos o homem se conecta consigo mesmo.

O homem é um ser complexo, lentamente construído por escolhas e esforços. Cria hábitos e os reconstrói. Ele é o instrumento de forças mentais e pode canalizá-las para a construção ou destruição de sua mente. Pois também é certo que nasceu com determinado caráter. Esse caráter é o produto de inúmeras vidas durante as quais ele foi acumulando conhecimento e sabedoria, e nesta vida ele será consideravelmente modificado por novas experiências, que podem significar evolução ou decadência, tornando sua caminhada um eterno recomeço, até descobrir a poderosa luz divina.

PENSAMENTO PARA A NOITE

Viver pensando no que deveria ter feito ou sonhando com o que se pretendia fazer é estupidez. Acalmar a ansiedade, fazer e trabalhar *agora* é sabedoria.

Eu realizo continuamente.

PENSAMENTO PARA A MANHÃ

A mãe ama seu filho incondicionalmente desde o primeiro dia de gestação. Poderiam também os homens amar o próximo de alma e coração abertos.

Meditação do dia

O corpo é a imagem da mente.

Aquele que sofre de dores corporais pode não ser curado logo que começa a moldar sua mente nos princípios morais e harmoniosos. Na verdade, durante certo tempo, enquanto o corpo supera a crise e se livra de efeitos desarmônicos anteriores, a condição mórbida parece se intensificar. Assim como o homem não atinge a paz perfeita logo que começa a trilhar o caminho da virtude, mas precisa passar por um período doloroso de adequação, salvo raras exceções, ele também não recupera a saúde perfeita imediatamente. Essa adequação física e mental requer tempo.

PENSAMENTO PARA A NOITE

A lei maior é clara: jamais engana alguém sobre o que lhe é devido, ou seja, aos luxuriosos e egoístas, o aprendizado; aos virtuosos, a paz plena e divina.

Eu não me desvio pelos labirintos e pela escuridão.

PENSAMENTO PARA A MANHÃ

O homem pode conhecer sem julgar, pode aconselhar sem criticar; afinal, aprender e conviver são uma via de duas mãos: todos saem vitoriosos.

Meditação do dia

Esforce-se na compreensão do infinito.

Enquanto imagina futilmente que os prazeres terrenos são reais e satisfatórios, a dor e a tristeza continuamente lembram o homem de sua natureza irreal e insatisfatória. Sempre lutando para acreditar que encontrará completa satisfação nos bens materiais, ele inconscientemente padece de uma revolta interior e persistente contra essa crença. Essa revolta é ao mesmo tempo a contestação de sua mortalidade essencial e uma prova inerente e imperecível de que apenas no imortal, no eterno e no infinito ele encontrará satisfação eterna e paz absoluta.

PENSAMENTO PARA A NOITE

Aquele que não vive na luxúria e vê no próximo um amigo, nasceu puro e espiritualmente elevado. Mas o conhecimento exigirá um firme aprendizado.

Eu sou dono do meu pensamento.

PENSAMENTO PARA A MANHÃ

Mais importante que a saúde física completa, é a robustez da mente. Mesmo com dor nas pernas, ele caminha. Mas a mente vazia não lhe permite pensar.

Meditação do dia

A realidade repousante do coração eterno.

O espírito do homem e o infinito são inseparáveis. O espírito não se satisfaz com nada menos que o infinito. A carga da dor continuará a pesar sobre o coração do homem, e as sombras da tristeza a escurecer seu caminho, até que, cansado de peregrinar pelo mundo onírico da matéria, ele volte para sua casa na realidade do eterno. Esse caminho, apesar de penoso, é necessário, é o seu aprendizado com conhecimento. Da mesma forma que a menor gota de água retirada do oceano contém todas as propriedades do oceano, assim também o homem, separado da consciência do infinito, contém em si sua semelhança.

PENSAMENTO PARA A NOITE

A gota de água se forma e segue seu fluxo até o oceano e suas profundidades; o homem deve voltar para a sua fonte e se perder no coração do infinito.

Eu busco uma vida de retidão.

14 de junho — James Allen

PENSAMENTO PARA A MANHÃ

Uma pessoa é feliz quando controla a si mesma, mas torna-se desventurada ao permitir que sua natureza animal domine seus pensamentos e suas ações.

Meditação do dia

Entre em perfeita harmonia com a sabedoria,
o amor e a paz, ou seja, com a lei eterna.

Este estado divino precisa ser sempre inconcebível ao simplesmente pessoal. A personalidade, o isolamento e o egoísmo se equivalem e são a antítese da sabedoria e da divindade. Pela renúncia incondicional da personalidade, do isolamento e do egoísmo, o homem assume sua herança divina de imortalidade e infinitude. Essa entrega de personalidade é considerada pela mente egoísta e mundana a mais grave de todas as desgraças, a perda mais irreparável, embora seja a única bem-aventurança suprema e incomparável e a única conquista real e duradoura.

PENSAMENTO PARA A NOITE

Serei puro ao entender o mistério da vida. Estarei seguro quando for livre do ódio, da luxúria e da discórdia. Estarei na verdade, que habitará em mim.

Eu busco a pureza.

PENSAMENTO PARA A MANHÃ

Contemplar e agradecer a natureza, sabendo valorizar tanto o dia ensolarado quanto a chuva torrencial, demonstra sabedoria. Nem tudo nos deixa felizes.

Meditação do dia

Quando sua alma está enevoada por toda e qualquer forma de egoísmo, o homem perde o poder espiritual da discriminação e confunde o temporário com o eterno.

Os homens se apegam e satisfazem o físico como se ele fosse perpétuo; no entanto, esquecem a proximidade e a inevitabilidade de sua dissolução, a existência da morte e a perda de tudo a que se apegam para tornar seu eu mais feliz. A sombra arrepiante de seu egoísmo os segue como um fantasma sem remorsos. Com o acúmulo de confortos e luxos temporários, a divindade interior do homem é bloqueada e ele se afunda cada vez mais na materialidade, na vida perecível dos sentidos. Apenas o sábio reconhece que as verdades infalíveis são contrárias à imortalidade da matéria.

PENSAMENTO PARA A NOITE

Entende-se que Jesus é o reflexo da verdade, da paz e da virtude. Quem o admira demonstra que deseja trilhar o caminho até ele.

Eu pratico a bondade.

16 de junho

PENSAMENTO PARA A MANHÃ

O coração do homem que tem a paz e a virtude como zeladores jamais será invadido pelo pecado e pela discórdia.

Meditação do dia

O homem não pode imortalizar a matéria.

Afaste-se, por um momento, do mundo exterior, do prazer dos sentidos, dos argumentos do intelecto, do ruído e das emoções mundanas e retire-se para o recôndito mais interno de seu coração, e lá, livre da invasão sacrílega de todos os desejos egoístas, encontrará a santa paz, o repouso bem-aventurado. Ao se recolher para refletir sobre o mundo exterior, o homem tem a oportunidade de se encontrar com o seu eu e analisar para onde quer ir e com quem desejará partilhar a descoberta do novo homem no qual se transformará. Seu coração estará mais leve e a felicidade será plena.

PENSAMENTO PARA A NOITE

Você não sabe pelo que as pessoas estão passando. Seja gentil e compreensivo. Coloque-se no lugar do outro, tenha empatia e será mais feliz.

Eu vivo com serenidade.

Meditação e pensamentos
para cada dia do ano

17 de junho

PENSAMENTO PARA A MANHÃ

Sem o autoconhecimento não há paz duradoura. Quem se deixa levar por paixões avassaladoras não se aproxima do lugar sagrado onde reina a paz.

Meditação do dia

Só esta é uma atitude verdadeira: esquecer
de si mesmo no amor ao próximo.

Aquele que se empenha incansavelmente em superar o próprio egoísmo, buscando cultivar o amor universal, será considerado intercessor de Deus, independentemente de viver em uma humilde cabana ou em meio à riqueza e a influências egoístas. Para aqueles que estão imersos nas preocupações mundanas e começam a aspirar a níveis mais elevados, a figura dos santos ao lado de Deus é uma fonte gloriosa e inspiradora de admiração. Para o intercessor, por sua vez, uma visão igualmente impactante é a da sabedoria.

PENSAMENTO PARA A NOITE

O bem que emana do Senhor é sua fonte perene de felicidade, sua fonte eterna de força. Sua raiz é a serenidade, sua flor é a alegria.

Eu busco a serenidade.

18 de junho

James Allen

PENSAMENTO PARA A MANHÃ

Desperte a mente para enxergar a sequência ordenada de causa e efeito que existe em tudo, nas coisas mentais e materiais.

Meditação do dia

Onde as obrigações, ainda que humildes, são cumpridas sem interesse pessoal e com sacrifício jubiloso, haverá um serviço verdadeiro e um trabalho duradouro.

Foi dada ao mundo a capacidade de aprender uma grande e divina lição: a lição do absoluto altruísmo. Os santos, sábios e salvadores de todas as épocas são aqueles que se submeteram, aprenderam e viveram essa tarefa. Todas as escrituras do mundo são estruturadas para ensinar uma única lição que todos os grandes mestres reiteram. Ela é simples demais para o mundo que, ignorando-a, tropeça nos complexos caminhos do egoísmo. Procurar essa retidão é caminhar pelos caminhos da verdade e da paz, e quem o fizer logo perceberá essa imortalidade, que não depende do nascimento e da morte. Um coração puro é o fim de toda religião e o começo da divindade.

PENSAMENTO PARA A NOITE

Uma filosofia abstrata se mostrará sombria na calamidade. O homem precisa ter a sabedoria interior que acabe com o sofrimento louvável e verdadeiro.

Eu busco a sabedoria interior
para ter paz e viver bem.

PENSAMENTO PARA A MANHÃ

A riqueza material, tal qual o egoísmo e a superioridade, é sedutora demais àqueles que não se desapegaram do eu para viver na paz do espírito.

Meditação do dia

No universo externo há incessante turbulência, mudança e agitação. No centro de tudo há um repouso imperturbável. Neste profundo silêncio, habita o eterno.

Cada pensamento que nutrimos é uma energia direcionada. Independentemente da nossa posição na jornada da vida, antes de aspirar a qualquer forma de sucesso, reconhecimento ou poder, é essencial dominar a arte de direcionar os pensamentos, cultivando a serenidade e o descanso. Embora não seja uma tarefa trivial, é uma conquista imensa que se revela por meio de uma concentração tranquila e poderosa. Ao nutrir pensamentos positivos, estes se manifestarão rapidamente em nossa realidade externa sob a forma de circunstâncias favoráveis. O pensamento se desenvolve como uma planta saudável. Seja como a criança e a planta, que crescem puras.

PENSAMENTO PARA A NOITE

Ao fechar os olhos para o mundo material e respirar fundo, o olho imaculado da verdade se abrirá dentro de você e verá tudo como realmente é.

Eu espalho a conciliação e o entendimento.

PENSAMENTO PARA A MANHÃ

Os ensinamentos de Jesus pregam que a virtude, ou *fazer o bem*, trata-se unicamente de uma conduta individual, próxima dos pensamentos e das ações humanas.

Meditação do dia

O rancor dilacera as vidas humanas, encoraja a perseguição e lança as nações em guerras violentas.

Os homens clamam pela paz onde não ela existe e só encontram discórdia, inquietação e conflitos. Sem o entendimento que requer a renúncia de si mesmo, a verdadeira paz não pode ser alcançada. A paz derivada do conforto social, da satisfação temporária ou das vitórias terrenas é intrinsecamente passageira e desaparece diante de desafios ardentes. A única paz que perdura diante de todas as provocações é a celestial, acessível apenas ao coração desapegado. A santidade é a essência de uma paz eterna e, portanto, perseguida por todos aqueles que renunciam ao ego em prol de seus serviços. A paz interior, este silêncio, esta harmonia, este amor são o reino celestial.

PENSAMENTO PARA A NOITE

As companhias, os prazeres e o conforto material são agradáveis, mas são mutáveis e desaparecem. A prudência e a verdade, ao contrário, são perenes.

Eu caminho sempre em direção à verdade.

PENSAMENTO PARA A MANHÃ

Que seu coração se expanda com um amor cada vez maior; assim, livre de todo ódio, paixão e condenação, abraçará o universo com profunda ternura.

Meditação do dia

Sinta a luz que não se apaga!

Ao compreender a alegria que nunca acaba e a tranquilidade que não pode ser perturbada, ao abandonar para sempre seus pecados, suas tristezas, ansiedades e desorientação, afirmo que você poderá participar desta salvação, desta vida sumamente gloriosa, e depois conquistará a si mesmo. Faça com que cada pensamento, cada impulso, cada desejo obedeça perfeitamente ao poder divino que existe em você. Não há outro caminho para a paz. Se você se recusar a trilhá-lo, suas preces e sua estrita observância dos rituais serão infrutíferas, e os deuses e os anjos não poderão ajudá-lo. O lugar sagrado dentro de você é seu eu real e eterno. É o divino dentro de si.

PENSAMENTO PARA A NOITE

Aquele que conquistar a si mesmo terá conquistado o universo. Por isso, deverá haver um trabalho diário de autoconquista, aceitando-se, perdoando-se, enaltecendo-se.

Eu procuro me conquistar todos os dias e me valorizar.

PENSAMENTO PARA A MANHÃ

A vida é como um fruto, porque ela é feita de instantes; deve-se comer e saborear a vida dia após dia, como se ela fosse acabar amanhã.

Meditação do dia

Os princípios espirituais só são adquiridos depois de longa disciplina na persecução e prática da virtude.

Uma situação sem uma responsabilidade, sem um ideal, nunca foi vivida pelo homem. O ser humano vive para enfrentar desafios, provar a sua superação para assumir as responsabilidades que a sociedade lhe impõe e que Deus espera dele. O ser humano tem um ideal: ser uma pessoa melhor a cada dia. Esta é a sua vida. Você é pobre? Você será de fato pobre se não for mais forte que sua pobreza. Você sofreu uma desgraça? Diga-me, você quer remediar a desgraça sendo ainda mais ansioso? Não há mal que não desapareça se você buscar a verdade com sabedoria.

PENSAMENTO PARA A NOITE

Se as pessoas tivessem consciência da finitude, brigariam muito menos, não dariam valor à luxúria, pois as coisas mais importantes são as mais simples.

Eu sonho sonhos elevados todos os dias.

Meditação e pensamentos para cada dia do ano

23 de junho

PENSAMENTO PARA A MANHÃ

Os propósitos de quem venceu o fracasso e o medo, se plantados na época certa, florescem e produzem frutos que não amadurecem prematuramente.

Meditação do dia

A verdade só é atingida pela prática diária e contínua da virtude.

Não é adequado ensinar a pintar um quadro a quem não aprendeu a segurar um pincel. Não se deve cobrar a construção de uma casa de um aprendiz de pedreiro. Pois o conhecimento exige estudo e a prática exige experiência. Assim, os princípios morais somente farão sentido ao homem se ele puder aplicá-los em seu cotidiano. Só conhece o certo quem sabe o que é o errado e pratica o certo. Só conhece a virtude quem sabe o que é o vício, a mácula, a imperfeição. Depois de conhecer e praticar a virtude, o homem é capaz de trilhar o caminho para a verdade e chegar a Deus.

PENSAMENTO PARA A NOITE

O autocontrole leva à paz celestial, e a luz sempre crescente da sabedoria guia o peregrino em seu caminho. Ao seu lado estão os que querem aprender.

Estou sempre aprendendo a partilhar mais e mais.

PENSAMENTO PARA A MANHÃ

A vida triunfante não está reservada aos inteligentes, mas aos puros, que alcançarão o sucesso completo, no qual a derrota brilha como uma vitória.

Meditação do dia

Aprenda as lições da virtude e cresça em força e conhecimento, destruindo a ignorância e os males da vida.

Onde está o amor, Deus está. Onde vive a bondade, Cristo vive. Aquele que diariamente luta contra o eu e o egoísmo, modelando sua mente na verdade e na pureza, sem dúvida encontrará a presença do Mestre no íntimo de seu coração. Quando o homem sentir a existência Dele no seu coração e na sua mente, significará que ele estará preparado para unir-se ao Senhor e seguir seus mandamentos, pois a verdade fará sentido, afastando a discórdia, deixando morrer o ódio, a luxúria e o orgulho, que não fazem mais sentido no reino divino.

PENSAMENTO PARA A NOITE

Para ser poderoso, o silêncio precisa envolver a mente por inteiro, penetrar em cada canto do coração e ser a voz da paz.

Eu mantenho minha mente pacificada.

PENSAMENTO PARA A MANHÃ

O silêncio vasto, profundo e duradouro só é atingido à medida que o homem vence a si mesmo e à vontade de sempre ter razão, mas não ser feliz.

Meditação do dia

Estimule a mente na vigilância e na reflexão.

As palavras somente fazem sentido quando estão em harmonia com as ações de quem as profere. Indolência, adiamento, ócio e negligência são as ações que precedem a disciplina, princípios, determinação e o ordenamento. Antes de superar esses passos, nada poderá ser feito para trilhar o caminho da verdade. A palavra está na mente, que rege e move o corpo. Porém, se o corpo conhece apenas a procrastinação, a acomodação, qual será sua motivação para deixar o estado de sonolência e alcançar a condição de ação? Se ele não sair desse círculo vicioso, sua mente será engolida pelo mal.

PENSAMENTO PARA A NOITE

O amor perfeito afugenta o medo. A plenitude da paz afasta o egocentrismo que deseja se apossar da mente do homem. Esta é a verdade.

**Eu trabalho minha mente para
ter a disciplina da paz.**

PENSAMENTO PARA A MANHÃ

A comunicação entre o homem e Deus deve ser prazerosa até o fim de seus dias, pois uma relação amorosa é sustentada pelo tênue fio da conversa.

Meditação do dia

A mente apática não atingirá nenhum tipo de sucesso.

O sucesso está embasado em um sutil relaxamento mental ao longo de uma dada linha. Ele subsiste em uma característica individual ou em uma combinação de características, e não em determinada circunstância ou conjunto de circunstâncias. As circunstâncias aparecem, é verdade, e fazem parte do sucesso, mas elas seriam inúteis sem a mente para captá-las e aproveitá-las. Na base de todo sucesso há alguma forma de energia parcimoniosa e bem direcionada. Os homens veem o sucesso, mas não veem sua preparação e os inúmeros processos mentais subjacentes.

PENSAMENTO PARA A NOITE

A ambição por bens materiais afasta cada vez mais o homem da paz, e não só acaba em privação como também é em si um estado de contínua necessidade.

Eu pratico todos os dias...

Meditação e pensamentos para cada dia do ano

27 de junho

PENSAMENTO PARA A MANHÃ

Apenas pensamentos corretos podem suscitar ações corretas. Somente ações corretas podem suscitar uma vida íntegra.

Meditação do dia

Para chegar ao topo do sucesso, o homem precisa abdicar da ansiedade, da pressa e das picuinhas.

Se avançarmos com persistência por determinado caminho, é certo que chegaremos ao destino que está inequivocamente associado a esse caminho. Retroceder ou desviar-se com frequência desse caminho tornará nosso esforço inútil. Nenhum destino será atingido. O sucesso continuará muito distante. Esforço além de esforço, esta é a chave do sucesso. Os preceitos do empreendedor bem-sucedido são sobre *fazer*. A doutrina dos mestres sábios são sobre *fazer*. Parar de fazer é parar de ter qualquer utilidade na economia da vida. Fazer significa esforço, empenho.

PENSAMENTO PARA A NOITE

Ser completo na prática e na aquisição da virtude é ser completo no conhecimento da verdade.

Eu valorizo a virtude.

PENSAMENTO PARA A MANHÃ

A pessoa é a mente, e quanto mais ela utiliza a ferramenta do pensamento e modela o que deseja, mais surgem infinitas alegrias.

Meditação do dia

A pessoa serena e calada terá formas mais persistentes de sucesso que as ruidosas e inquietas.

Para alcançar o destino divino, o homem deverá fazer escolhas, trocar o prazer imediato e devastador pela alegria serena e perene, a energia difusa e menos eficiente pela forma mais poderosa. Ele não desiste de se esforçar para perseguir seus objetivos, simplesmente escolhe alcançá-los com ferramentas mais eficientes, que o ajudarão a diminuir a distância entre o mundo de peregrinação e sofrimentos e a companhia de Deus. Sua mente estará usando seus atributos, enquanto o corpo não padece de dor, porque Deus valoriza sua persistência e empenho, mas, ao trocá-los pelo juízo e pela lucidez, demonstrará inteligência e verdade.

PENSAMENTO PARA A NOITE

O destino ao lado do Senhor parece distante, pois exige muito esforço e sacrifício, mas sabemos que vale a pena porque somos movidos pelo amor.

Eu coloco o amor no centro da minha vida.

PENSAMENTO PARA A MANHÃ

O homem parte da fraqueza e termina na força, mas do começo ao fim ele avança pelos esforços que empreende. Ele é movido pelo esforço.

Meditação do dia

A lei que nos pune é a lei que nos preserva.

Nem tudo dará certo na vida, mas sobreviverá, seguirá com a ferida exposta, mas feliz. Não podemos criar ilusões, privar o outro de trilhar o chão que está sob seus pés e viver as negativas que nos amadurecem, numa tentativa de proteger o outro do sofrimento. A positividade tóxica, em vez de trazer esperança ao outro, enche-o de ilusões, amarra-o na infantilidade, no discurso desonesto de que tudo podemos. É justo acordar o outro para a potência e para as possibilidades, mas é justo também prepará-lo para o fracasso, para a inevitável condição humana de que nem tudo dará certo.

PENSAMENTO PARA A NOITE

Colocar-se diante da verdade, conquistar a sabedoria e bem-aventurança depois de inúmeras peregrinações e sofrimentos, é o destino divino do homem.

Aceito o meu caminho e sigo em busca da sabedoria.

PENSAMENTO PARA A MANHÃ

A criança nasce dependente da mãe. Aprende a engatinhar e, aos poucos, apoiando-se aqui e acolá, dá os primeiros passos e conquista a liberdade.

Meditação do dia

Que os estudiosos do cosmos não se lamentem pelo plano das coisas.

Para os estudiosos do cosmos, o universo é um todo perfeito, e não um amontoado imperfeito de partes. Os grandes mestres são homens de alegria e paz celestial eterna. Os cegos escravos do desejo profano podem clamar para desfrutar dos prazeres ilícitos sem limites e não sofrer nenhuma consequência dolorosa. São eles que veem o universo como um "triste plano das coisas". Querem que o universo se curve à sua vontade e desejo, querem a ilegalidade, não a lei. Mas o sábio curva sua vontade e seus desejos à ordem divina e vê o universo como a gloriosa perfeição de uma infinidade de partes. Entender isso é a beatífica visão. Saber disso é a beatífica bem-aventurança.

PENSAMENTO PARA A NOITE

Existe um lugar único para cada um no mundo, onde, ao mesmo tempo, nos realizamos ficando felizes e atendendo às necessidades do outro.

*Eu sempre estou disponível
para auxiliar o próximo.*

Julho

PENSAMENTO PARA A MANHÃ

Expresse seus verdadeiros pensamentos, ouça a todos com atenção, valorize o próximo, seja fiel a si mesmo e nunca será falso com ninguém.

Meditação do dia

A sabedoria é o objetivo da filosofia.

Em qualquer situação o homem sempre pode encontrar a verdade. Ele pode encontrá-la utilizando sua atual condição para se tornar forte e sábio. Que os perseguidos que anseiam por recompensas e os covardes que temem punições sejam afastados para sempre, e que o homem se dedique alegremente ao desempenho fiel de suas obrigações. Que ele encontre seguramente a sabedoria infalível, a paciência e a força como as de Deus, esquecendo-se de si mesmo e de seus prazeres fúteis, vivendo na fortaleza, na pureza e na autossuficiência. Não é possível colar um vaso quebrado chorando sobre seus cacos.

PENSAMENTO PARA A NOITE

Dê valor ao que é seu e não ao que é do vizinho. Cada um sabe o tamanho dos obstáculos que surgiram caminhando na trilha junto ao Senhor.

Eu dou valor ao que tenho.

PENSAMENTO PARA A MANHÃ

Orar para Deus é uma inspiração para os pensamentos do bem. A força do pensamento é poderosa, use-a a seu favor.

Meditação do dia

O poder da mansidão!

Vencer o inimigo é para os fortes. Mas a força mais poderosa o homem usa para conquistar a si, pois a arma é o pensamento, a palavra. Somente o sábio tem o dom das palavras e do pensamento, portanto, sua vitória será eterna. O guerreiro que vence o adversário um dia também pode ser vencido e sucumbir, porque sua arma não tem o poder de penetrar no coração do outro, muito menos no próprio coração. O sábio seguirá seu caminho na mansidão, enquanto o homem desprovido de palavras ainda deverá enfrentar muitas batalhas antes de encontrar o divino. A mansidão é um atributo divino, por isso é todo-poderosa.

PENSAMENTO PARA A NOITE

A paz de espírito é um bem valioso e raro, só possuído pelas almas de mente serena e de pensamentos puros.

Eu trabalho para me tornar um ser evoluído.

PENSAMENTO PARA A MANHÃ

Persiga seus propósitos com o coração destemido e tranquilo. Acredite que o futuro lhe mostrará a necessidade de cada pensamento e esforço.

Meditação do dia

Nada pode ser ocultado daquele que se supera.

Um passo de cada vez. Esse é o lema daqueles que desejam ter o coração entregue à bondade e a mente voltada para o bem. Depois de trilhar o seu caminho com serenidade, o homem se encontrará com a vida planejada por Deus, sem ansiedade, com paz de espírito. E ao lado de Deus poderá enfrentar com bendizer quem o amaldiçoa, com amor quem o odeia e perdoar quem o condena. Essa é a mansidão, o terreno no qual está edificada a morada do Senhor, lugar que o sábio jamais será obrigado a deixar, pois ele aprendeu a ser bom e a abandonar sentimentos e atitudes mesquinhos. Aquele que não continua na mansidão e na ternura não tem a verdade.

PENSAMENTO PARA A NOITE

Quando o homem encontra dentro de si o que é real, constante, duradouro, imutável e eterno, ele entende essa realidade e torna-se humilde.

Eu aceito ser humilde todos os momentos da minha vida.

PENSAMENTO PARA A MANHÃ

As forças da escuridão se voltarão contra ele, mas não lhe causarão nenhum mal e acabarão se afastando dele, pois é protegido pelo escudo da sabedoria.

Meditação do dia

Como ele pode temer quem não prejudica ninguém?

A mente não esclarecida sobre as leis internas do ser, da natureza e do destino da própria vida se apega às aparências efêmeras, que não têm substancialidade duradoura. Assim, conduzida pelas estéticas passageiras, perece entre os destroços das próprias ilusões. Mas, quando se tornar uma mente virtuosa, será invencível e sua bondade superará o mal, a inveja e o egoísmo que antes habitavam o seu coração. O homem de mente virtuosa será um ser de peito aberto, que nada teme ou esconde, pois ele é verdadeiro. Afastando-se de toda injustiça, você nunca será injustiçado.

PENSAMENTO PARA A NOITE

Estarei salvo, lúcido e completamente livre quando for puro. Ao meu lado estarão os meus pares, caminhando ao reino divino.

Eu ando no caminho do bem.

5 de julho

PENSAMENTO PARA A MANHÃ

O espírito do amor de Cristo põe fim não só ao pecado, mas também a toda cisão e discórdia.

Meditação do dia

O universo será preservado porque o amor está em seu coração.

Para quem alcançou o reino celeste, o universo e tudo o que ele abarca são expressões da lei, a lei do amor. Para eles, o amor é a força intrínseca que dá forma, sustenta e protege todos os seres vivos e inertes. Não o veem apenas como uma norma da existência, mas como a própria essência dela. Moldam a vida segundo esse amor, desconsiderando as próprias vontades. Seguindo o Supremo e o amor divino, tornam-se conscientes colaboradores da potência do amor, alcançando assim a liberdade perfeita como senhores do destino. O amor é o único poder que preserva.

PENSAMENTO PARA A NOITE

O homem virtuoso é corajoso, não se envergonha de nada. Seus passos são firmes, e seu discurso é direto e sem ambiguidades. Ele olha para todos de frente.

Eu procuro nunca me envergonhar dos meus passos.

PENSAMENTO PARA A MANHÃ

A lei do retorno é infalível, tanto quanto a corrente do bem. Ambos se baseiam na disseminação da gentileza, da bondade e do amor. Tenha fé.

Meditação do dia

Conhecer o amor é saber que não existe poder nocivo em todo o universo.

Para que o homem conheça o amor e participe de sua felicidade eterna, ele precisa praticá-lo em seu coração. Ele precisa se tornar o próprio amor. Aquele que sempre age dentro do espírito do amor nunca é abandonado, nem enfrenta dilema ou dificuldade, porque o amor (o amor impessoal) é conhecimento e poder. Aquele que aprendeu a amar, aprendeu como dominar todas as dificuldades, como transformar cada fracasso em sucesso, como cobrir todos os acontecimentos e situações com o manto da bem-aventurança e beleza. O caminho para o amor é o autodomínio.

PENSAMENTO PARA A NOITE

Apesar de sermos imperfeitos, pois apenas Deus é insuperável, poderemos vivenciar o amor perfeito quando nosso coração for pleno de paz e quietude.

Eu busco a paz diariamente.

PENSAMENTO PARA A MANHÃ

Não haverá progresso nem realizações sem sacrifício, e o sucesso terreno do homem virá quando ele renunciar aos pensamentos caóticos e mundanos.

Meditação do dia

A perfeita liberdade só é atingida pela plena consciência.

Dar rédeas à vontade é a única escravidão. Vencer a si mesmo é a única liberdade. O escravo do eu gosta dos grilhões que o prendem e não os romperá por medo de se privar de algum prazer que valoriza. Assim, ele é vencido e se escraviza. Contudo, na vida celestial não há escravidão, sua maior virtude. Para alcançar a liberdade absoluta, basta apenas ser obediente ao Altíssimo e ao lado Dele superar as forças exteriores e lapidar as forças interiores. Missão cumprida, só lhe resta comemorar a conquista. Só se chega à terra da perfeita liberdade cruzando o portal do conhecimento.

PENSAMENTO PARA A NOITE

A serenidade e a paciência podem se tornar companhias habituais, vivendo e refletindo sobre elas sem descanso, até "se tornarem sua segunda natureza".

Eu vivo em boas companhias.

PENSAMENTO PARA A MANHÃ

Ser completo na prática e na aquisição da virtude é ser completo no conhecimento da verdade.

Meditação do dia

O homem só será livre quando se libertar de si mesmo.

Toda opressão externa é somente a sombra e o efeito da verdadeira opressão interior. Durante séculos os oprimidos clamaram por liberdade e milhares de leis criadas pelos homens fracassaram em oferecer-lhes a emancipação desejada. Somente eles podem conquistá-la. Eles só a encontrarão na obediência às leis divinas que estão impressas em seus corações. Se eles souberem aproveitar a liberdade interior, a sombra da opressão não escurecerá mais a Terra. Que os homens parem de se oprimir e que ninguém domine seu irmão, pois não se vive na solidão. A liberdade é para os livres.

PENSAMENTO PARA A NOITE

O mundo não é perfeito, assim como os homens que nele habitam. Contudo, mesmo na imperfeição, é possível viver, basta ter um olhar acolhedor.

Eu acolho, apesar da minha imperfeição.

9 de julho

James Allen

PENSAMENTO PARA A MANHÃ

A suprema prosperidade e a felicidade exigem trilhar com passos firmes e determinados o caminho do sacrifício e da libertação do eu egoísta.

Meditação do dia

A verdade, a beleza, a grandeza são sempre como crianças, e são eternamente vivas e jovens.

Colocar-se frente a frente com a verdade, chegar à sabedoria e à bem-aventurança depois de inúmeras peregrinações e sofrimentos, não acabar vencido e expulso e, sim, no final triunfar sobre cada inimigo interior: este é o destino divino do homem, esta é sua meta gloriosa, e isso todos os santos, sábios e salvadores já confirmaram. Ao chegar à mansão celestial, o grande homem incorpora sua melhor versão: é bondoso, livre da vaidade, da ostentação e da pequenez do mundo das trevas. Sem chamar atenção e desinteressado na promoção pessoal, dá todos os sinais de grandeza interior. *Seja seu eu simples, melhor e impessoal, e será grande.*

PENSAMENTO PARA A NOITE

Diante do esplendor divino de um coração puro, toda escuridão desaparece e todas as nuvens se dissipam.

Eu procuro viver na claridade das ações.

PENSAMENTO PARA A MANHÃ

Quem deseja ser admirado, dificilmente alcançará seu objetivo, pois a admiração é conquistada e não solicitada.

Meditação do dia

*A grandiosidade perfeita, total e completa
está acima e além de tudo que existe.*

Há pessoas que estão no mundo para viver reclusas no próprio universo, onde tudo e todos orbitam ao seu redor. São egoístas, vivem na devassidão, ostentam e são pobres de espírito. Cuidam da vida alheia em vez de se preocuparem com as próprias atitudes. Do outro lado estão os homens que amam o próximo, têm fé, são sábios e em paz com seu coração. Estes são os pregadores da palavra viva, que renunciam a si mesmos em favor do outro, são abnegados e de alma esperançosa. São poucos mas podem mudar o mundo e transformar multidões. Sejamos os pregadores da palavra viva!

PENSAMENTO PARA A NOITE

Simples, bondoso, verdadeiro são características do homem que vive longe dos holofotes. Mesmo assim, a maior virtude está em sua grandeza de alma.

Eu não me deslumbro com os holofotes.

PENSAMENTO PARA A MANHÃ

A sociedade que se esquece de questionar jamais poderá encontrar as respostas para os problemas que a atormentam.

Meditação do dia

Toda lei natural tem sua contrapartida espiritual.

Até o homem chegar à maturidade, ele percorre muitos caminhos. Alguns fáceis, outros repletos de obstáculos. Às vezes, no meio da floresta fechada, onde há plantas venenosas e bichos peçonhentos; outras vezes, seu caminho se abre diante de uma clareira, onde se avista um horizonte sem fim, com muitas possibilidades. Eis que chega o dia em que ele é posto à prova e mostra o que aprendeu em suas andanças. Deus enxergou nele um sábio, ele está pronto para sua missão: pregar a paz, a bondade e a generosidade. Cuidará do próximo como de si mesmo. O coração transborda amor. O que se vê é o reflexo do que não se vê.

PENSAMENTO PARA A NOITE

O mistério da existência humana não está apenas em permanecer vivo, mas em encontrar razão para viver. Ter fé e buscar o divino são essas razões.

Eu busco na fé a razão para viver.

PENSAMENTO PARA A MANHÃ

Vencer um mau hábito hoje é mais fácil que vencê-lo amanhã. Busque ser melhor hoje e não amanhã. Doe-se hoje e não amanhã.

Meditação do dia

Para ser produtiva, a energia precisa não só ter uma boa finalidade, mas também ser cuidadosamente controlada e preservada.

Cumprir os nossos propósitos somente demonstra o nosso empenho em ser melhor. Mas precisamos de força, de energia para realizá-los, e seu uso com sabedoria permitirá que façamos mais, conquistemos mais, e a liberdade para agir terá seus limites expandidos. Criar alternativas para utilizar melhor as nossas forças ampliará nossos horizontes, e as ações demonstrarão criatividade como consequência das habilidades desenvolvidas. Fazer mais e melhor nos dará ânimo para não procrastinar, não temer os desafios, pois os resultados virão e não nos desapontarão. Acredite. Ruído e pressa: é muita energia desperdiçada.

PENSAMENTO PARA A NOITE

Energia poupada é energia renovada para novas conquistas, ampliar horizontes e crescer, para dentro e para fora.

Eu não desperdiço energia com o que me leva para trás.

13 de julho

PENSAMENTO PARA A MANHÃ

Viver à nossa maneira não é egoísmo, é egocentrismo. Egoísmo é não querer que os outros façam o que não podemos fazer.

Meditação do dia

É um grande engano presumir que o grito significa poder.

Quando se tem um limão, deve-se aprender a fazer uma limonada. Este é um dos segredos para ser bem-sucedido, não importa em qual esfera da vida. Se o problema existe, é real, deve-se conhecê-lo e enfrentá-lo, pois tememos o desconhecido. Criar defesas contra o mal usando os escudos da fragilidade e da indisciplina apenas posterga a existência de um problema. O homem sereno enfrenta os problemas com menos dificuldade, pois a tranquilidade tem um poder maior, os pensamentos são ponderados, e as soluções, sensatas. Deve-se falar menos; ouvir e agir mais. Esse é o homem sábio. Afinal, não se ouve a máquina trabalhar. O que se ouve é o vapor que escapa e faz um grande ruído.

PENSAMENTO PARA A NOITE

O tempo que temos é o tempo que não volta. O tempo que dou ou recebo de alguém é a única coisa que não posso devolver ou pagar. É um bem precioso.

Eu valorizo o tempo.

PENSAMENTO PARA A MANHÃ

Sejamos gratos por acordar, por dar bom-dia, por ver o sol, por ouvir o pássaro cantar, por degustar uma fruta. Vamos agradecer a vida.

Meditação do dia

A energia é o primeiro pilar do templo da prosperidade.

A serenidade, diferentemente da placidez morta do langor, é o clímax da energia concentrada. Por trás dela há uma mente focada. Na agitação e na empolgação, a mente se dispersa, é irresponsável e não tem força nem peso. O homem agitado, impertinente, irritado, não é persuasivo. Ele repele, não atrai. Ele não sabe por que seu colega é bem-sucedido, enquanto ele, esforçado, preocupado e agitado, não tem o mesmo desempenho. Antes de comparar, reflita sobre a diferença entre a energia controlada e bem empregada e a energia dispersa e mal aproveitada. Isso exige sabedoria. Falta de energia significa falta de capacidade.

PENSAMENTO PARA A NOITE

Aquilo que há de melhor em nós muitas vezes é o que mais incomoda os outros. Mas não se preocupe, façamos a nossa parte.

Eu não me curvo à injustiça.

PENSAMENTO PARA A MANHÃ

Valorizar o dia é muito importante. Para uns, o dia é o começo; para outros, o fim. Para muitos será apenas mais um, se não soubermos aproveitá-lo.

Meditação do dia

O esbanjador jamais se tornará rico, mas se ele começar rico, logo se tornará pobre.

O atleta amador que só conquista vitórias em seus torneios pode ter problemas quando for profissional, porque não conhece o sabor da derrota e da frustração, o que pode lhe causar angústia e sofrimento. Ao contrário, aquele que já sofreu muitas derrotas estará mais preparado para encarar suas vitórias. O mesmo pode-se esperar do homem que almeja o sucesso. Começar do primeiro degrau da escada da vida sempre é mais seguro para crescer com alicerces reforçados, pois à frente existe apenas o infinito.

PENSAMENTO PARA A NOITE

Um começo modesto e verdadeiro em qualquer esfera garantirá mais sucesso do que uma propaganda exagerada da posição e da importância de uma pessoa.

Eu caminho degrau por degrau, com discrição e humildade.

PENSAMENTO PARA A MANHÃ

Atingir o equilíbrio perfeito entre o dito e o feito é o que podemos chamar de justo. Desejar boas escolhas é o melhor que se pode desejar a alguém.

Meditação do dia

A vaidade que leva a um luxo excessivo no vestir é um vício que deveria ser cuidadosamente evitado pelas pessoas virtuosas.

Ninguém sabe o que é reservado para o futuro, apenas Deus tem esse poder. O homem de bem sabe que o caminho é árduo mas gratificante. Assim, modesto e discreto, ele leva sua vida com parcimônia, discernindo sobre o certo e o errado, abandonando os egoístas e esbanjadores. Pois seu interesse é no conhecimento, no amor ao próximo, na mente e no coração em paz. Seu foco está concentrado na grandeza da alma e no espírito elevado. Ao seu lado estão aqueles que querem ser seus amigos e trilhar o mesmo caminho para o reino divino.

PENSAMENTO PARA A NOITE

Saber que depois da conquista o sabor da vitória se foi tão rapidamente obriga-nos a encontrar mais desafios para nos preencher.

Não me deslumbro com vaidades.

17 de julho

PENSAMENTO PARA A MANHÃ

Se déssemos algum valor real e positivo para a vida, a ganância não existiria, a própria existência em si nos satisfaria e não desejaríamos nada.

Meditação do dia

O dinheiro desperdiçado pode ser recuperado. A saúde perdida pode ser recuperada. Mas o tempo perdido jamais será recuperado.

O homem que acorda cedo para pensar e planejar, capaz de ponderar, considerar e prever, sempre evidenciará maior habilidade e sucesso em sua busca pessoal que o homem que fica na cama até o último minuto e só se levanta na hora de tomar o café da manhã. Valer-se da hora antes do café da manhã é de extrema importância para tornar frutíferos os esforços de uma pessoa. É uma forma de tranquilizar e clarear a mente e de focar a energia da pessoa para torná-la mais poderosa e eficiente. Aquele que sabe o valor de seu tempo prosperará. Afinal, o dia tem a mesma duração para todos.

PENSAMENTO PARA A NOITE

A duração da minha vida não depende de mim; o que depende é que não a percorra de forma pouco nobre; devo governá-la e não ser levado por ela.

Eu mantenho um comportamento reto.

PENSAMENTO PARA A MANHÃ

Admitir a ignorância e dizer "eu não sei" é uma lição de sabedoria para as pessoas vazias que teimam em mostrar que sabem de tudo da vida.

Meditação do dia

A sabedoria é a mais alta expressão da habilidade.

Há apenas *uma* forma certa de se fazer tudo, mas mil outras erradas para a mesma tarefa, mesmo as mais simples. A habilidade consiste em encontrar a forma certa e adotá-la. O incompetente e atordoado com as milhares de formas erradas não enxerga o caminho quando lhe é indicado. Em alguns casos ele age assim porque pensa, em sua ignorância, que sabe tudo, criando uma barreira intransponível para o conhecimento. No mundo há muitos negligentes ou ineficientes e poucos competentes. Ciente, o homem inteligente saberá mostrar suas qualidades e conquistará o lugar que merece.

PENSAMENTO PARA A NOITE

O espírito ansioso pelo futuro é infeliz, pois só se dedica a esperar o futuro quem não sabe viver o momento presente, a dádiva de Deus.

Eu procuro domar minha ansiedade.

19 de julho

PENSAMENTO PARA A MANHÃ

Olhar para a imensidão das galáxias, a forma orquestrada como tudo funciona, torna impossível não conseguir enxergar o Criador.

Meditação do dia

Não há como chegar a uma pechincha com prosperidade.

Da mesma forma que a bolha de sabão é efêmera, a fraude também não prospera. O homem se esforça para poupar, mas sua sorte pode mudar e ele pode perder tudo. Nada está ganho para sempre, sobretudo se for uma fraude. Construir um futuro sobre a farsa será uma obra que logo ruirá, a um custo muito alto. Mas a fraude não está restrita ao vigarista inescrupuloso. Quem conquista a riqueza rapidamente sem compensação, pratica fraude, com conhecimento ou não. Os homens que ansiosamente criam ardis para ganhar dinheiro sem esforço são desleais e estão fadados a perder tudo o que não lhes pertence. *A* prosperidade precisa ser adquirida, não só com o trabalho inteligente, mas também com força moral.

PENSAMENTO PARA A NOITE

O ser humano guarda no coração as suas ambiguidades, o céu e o inferno. Sendo egoísta, mergulhará no inferno; sendo altruísta, o céu o acolherá.

Eu procuro vencer o egoísmo todos os dias.

PENSAMENTO PARA A MANHÃ

A compaixão torna o mundo mais leve para o fraco e mais nobre para o forte. O coração inundado pela compaixão não vê cor, credo ou classe social.

Meditação do dia

A verdadeira integridade diz onde ela está e deixa sua marca em todas as transações.

Para ser forte, a integridade deve envolver completamente o homem e estar presente em todos os detalhes de sua vida, além de ser sólida para resistir às tentações que podem desviá-lo de seu objetivo. Fracassar pode representar a ruína, caso não se admita a falha, mesmo sendo insignificante, pois evidencia o abandono do escudo da integridade e a exposição às investidas do mal. Ser íntegro é uma questão de valor moral, que independe do que está ao redor. Ao assumir essa postura em todas as camadas de sua vida, o homem rapidamente será conduzido às áreas mais férteis da prosperidade. O homem íntegro está alinhado com a lei imutável do universo. Ele é como uma árvore forte, cujas raízes são alimentadas por fontes eternas e que nenhuma tempestade pode derrubar.

PENSAMENTO PARA A NOITE

Você pode amar o próximo e pensar em si, pode ser altruísta e se interessar por bens materiais. O importante é o valor que você dá a tudo que o cerca.

Eu dou valor a tudo o que me cerca.

21 de julho

PENSAMENTO PARA A MANHÃ

Esteja pronto para ouvir um elogio. Antes de dizer que não é merecedor, apenas agradeça a honra. Quem é reconhecido fez por merecer.

Meditação do dia

O ignorante acredita que a desonestidade
é um atalho para a prosperidade.

A honestidade é o caminho mais seguro para o sucesso. Haverá um dia em que o homem desonesto se arrependerá da tristeza e do sofrimento, mas ninguém jamais precisará se arrepender de ter sido honesto. Mesmo quando o honesto fracassa, o que pode acontecer pela falta de outros pilares, como energia, economia ou sistema, seu fracasso não é tão grave quanto o do desonesto, porque ele sempre pode se vangloriar do fato de que nunca fraudou seu semelhante. Mesmo em sua hora mais sombria ele encontra repouso, porque tem a consciência limpa. O desonesto é moralmente míope.

PENSAMENTO PARA A NOITE

A mente é o árbitro da vida. Quando a mente está em paz, nasce o sábio, o generoso, e o universo sempre vai conspirar a seu favor.

Trabalho todos os dias para que
minha mente tenha paz.

PENSAMENTO PARA A MANHÃ

O coração e a mente devem estar em constante vigilância, pois as tentações são ardilosas e se esforçam para invadir os espaços que julgam vazios.

Meditação do dia

Homens fortes têm fortes propósitos, e fortes propósitos levam a fortes realizações.

A invencibilidade é uma proteção gloriosa, que envolve o homem cuja integridade é pura e inatacável. Jamais violar, mesmo em um detalhe, é ser invencível contra as insinuações, calúnias e embustes. Quem comete um erro está vulnerável, e a flecha do mal pode derrubá-lo. A integridade pura e perfeita é o escudo contra todos os ataques e ofensas, que permite ao seu detentor enfrentar toda oposição e perseguição com intrépida coragem e sublime equanimidade. Nada pode abalar o poder mental e a paz do coração do homem íntegro, que acata os princípios morais mais elevados.

PENSAMENTO PARA A NOITE

Viver os instantes do aqui e agora e conviver com os amigos aqui e agora não deve ser esquecido, pois são os únicos momentos reais.

**Eu valorizo meus amigos
e o momento presente.**

23 de julho

PENSAMENTO PARA A MANHÃ

Cuidado com a falsa felicidade, pois na maioria das vezes existe para causar inveja ou passar a impressão de uma vida perfeita.

Meditação do dia

O teste do homem está em seus atos imediatos,
e não em seus ultrassentimentos.

Simpatia é uma profunda e inexplicável ternura demostrada por um caráter consistentemente desprendido, amável. A simpatia não deve ser confundida com o sentimento piegas e superficial que, como uma linda flor sem raiz, perece e não produz semente nem fruto. Não é simpatia cair em pranto descontrolado na despedida de um amigo ou ao ver que há pessoas que sofrem em outros países. Muito menos as explosões de violenta indignação contra as crueldades e injustiças são indicação de uma mente simpática. Se o homem desrespeita a família, explora seus empregados ou maldiz os vizinhos, ou seja, todos próximos a ele, as demonstrações de empatia e amor pelas demais pessoas é uma hipocrisia. O sentimento raso é falso.

PENSAMENTO PARA A NOITE

A direção é mais importante que a velocidade. Portanto, tenha calma e serenidade para trilhar o caminho ao reino divino.

Eu pratico a serenidade.

PENSAMENTO PARA A MANHÃ

Como a areia que escorre pelos dedos, assim é a vida dos egoístas, imaturos, apaixonados e ambiciosos, pois não têm amor no coração.

Meditação do dia

A falta de simpatia surge do egoísmo.
A simpatia surge do amor.

A simpatia nos conduz ao coração do homem para que a ele nos unamos espiritualmente, e quando ele sofrer sentiremos sua dor. Ao ser desprezado e perseguido, desceremos espiritualmente ao lado dele e assumiremos em nosso coração sua humilhação e aflição. Mas para atingir esse nível de amadurecimento da simpatia, é preciso ter amado muito, sofrido muito e provado as profundezas sombrias da tristeza. A simpatia surge da familiaridade com experiências mais intensas, que tenham esgotado do coração homem a arrogância, a imprudência e o egoísmo. Simpatia em seu sentido mais real e profundo é estar unido ao próximo em suas lutas e sofrimentos.

PENSAMENTO PARA A NOITE

Deus foi inteligente ao criar o homem com dois olhos, duas orelhas e apenas uma boca. Devemos observar e ouvir mais e falar somente o necessário.

Eu ouço, eu observo.

25 de julho

PENSAMENTO PARA A MANHÃ

O sábio evita palavras inúteis, argumentos vazios e a postura defensiva, pois sua mente sabe quando silenciar, falar a verdade e agir com justiça.

Meditação do dia

Amabilidade é a marca da cultura espiritual.

Que o homem afaste a cobiça, a mesquinhez, a inveja, o ciúme, a desconfiança, porque esses sentimentos, se retidos, roubarão a sua vida; sim, tudo o que há de melhor no mundo material, no caráter e na felicidade. Que o homem tenha um coração liberal e a mão generosa, que seja magnânimo e leal, não só oferecendo alegre e frequentemente sua essência, mas também dando liberdade de pensamento e de ação aos amigos e semelhantes. Se agir assim, a honra, a abundância e a prosperidade baterão à sua porta para serem recebidas como amigas e convidadas.

PENSAMENTO PARA A NOITE

Quando o homem está em paz e com a alma serena, ele não deseja nada mais que a felicidade; a sua e a do próximo.

Eu desejo a felicidade a todos.

PENSAMENTO PARA A MANHÃ

Antes de olhar para o outro e julgar seus defeitos, encare a realidade e descubra suas fraquezas. A introspecção é uma delas.

Meditação do dia

O homem amável, cujo bom comportamento é estimulado pela solicitude e benevolência é sempre amado, qualquer que seja sua origem.

O homem que lapidou sua amabilidade jamais discute ou devolve uma palavra dura. Talvez responda com uma palavra amável, muito mais poderosa que a ira. A amabilidade está comprometida com a sabedoria. Sábio é aquele que superou toda raiva que havia em si e que sabe como superá-la nos outros. A pessoa amável salva-se da maioria das perturbações e turbulências que afligem os homens descontrolados – pois estes se desgastam com tensões ineficazes e desnecessárias – e está sempre serena e controlada. Essa tranquilidade e autocontrole são fortes para vencer a batalha da vida.

PENSAMENTO PARA A NOITE

Bons exemplos e palavras de sabedoria são o melhor legado que podemos deixar para nossos herdeiros, pois são eternos e únicos.

Eu procuro dar bons exemplos.

27 de julho

PENSAMENTO PARA A MANHÃ

Viva em paz com o silêncio, pois apenas em sua companhia podemos ouvir a voz da consciência.

Meditação do dia

*Objetos falsos não têm valor, sejam eles
quinquilharias ou homens.*

É valioso sermos verdadeiros. Não devemos nutrir o desejo de parecer uma pessoa que não somos. Que a dignidade seja genuína, que a arrogância esteja longe do coração e que não sejamos dissimulados. O hipócrita crê que pode enganar o mundo e sua lei eterna. Mas somente ele será enganado e a lei do mundo será aplicada. Uma antiga teoria afirma que os excessivamente perversos serão aniquilados. Acredito que o dissimulado é um homem destruído, porque há uma sensação de que ele desapareceu e em seu lugar só restou uma imagem de aparências.

PENSAMENTO PARA A NOITE

Rezar, meditar, fechar os olhos são o caminho certeiro para entrar em contato com Deus. É a linguagem do amor e da serenidade.

Eu pratico a linguagem do amor.

Meditação e pensamentos
para cada dia do ano

28 de julho

PENSAMENTO PARA A MANHÃ

A conquista não se dá com a força dos músculos ou da pressão externa. O dom da palavra e dos bons exemplos fala mais alto ao coração.

Meditação do dia

O mal é uma experiência e não um poder.

O mal é um estado de ignorância, de involução, e dessa forma se distancia e desaparece diante da luz do conhecimento. As experiências mais dolorosas do mal morrem à medida que novas experiências do bem penetram e tomam conta do campo da consciência. Mas quais são as experiências do bem? São muitas, como sentir-se livre do pecado e do remorso, a libertação de todas as tentações, a alegria e a serenidade diante de situações que antes causavam profunda aflição, a proteção diante das maldades do próximo, a tolerância e a suavidade de caráter, a emancipação da dúvida, do medo e da ansiedade, a libertação de toda repulsa, inveja e inimizade.

PENSAMENTO PARA A NOITE

Antes de julgar, pense que o ser humano é único, assim como seus sentimentos e necessidades. Veja o próximo com os olhos da compreensão.

Eu procuro exercitar a compreensão todos os dias.

PENSAMENTO PARA A MANHÃ

Encontrar a felicidade exige esforço, determinação e sacrifícios. É preciso renunciar e se privar do prazer efêmero para alcançar a alegria duradoura.

Meditação do dia

Quando o bem divino é praticado, a vida é bem-aventurada.

A virtude transcendente equipara-se à sublime felicidade. A beatífica bem-aventurança de Jesus é prometida para quem possui as virtudes beatíficas, como o misericordioso, o puro de coração e o apaziguador. A virtude mais elevada não conduz à felicidade, pois é a própria felicidade, ou seja, o homem de virtude transcendente deve ser feliz. A causa da infelicidade precisa ser investigada nos elementos do amor-próprio, e não nas qualidades do autossacrifício. O homem virtuoso será infeliz se não possuir as virtudes divinas. Porém ele abandonou, além da tristeza e da miséria, o eu interior, expurgado da virtude divina.

PENSAMENTO PARA A NOITE

A alegria do coração não poderia ser maior do que quando doamos o que temos de bom, pois a doação alimenta a generosidade e motiva mais doações.

**Eu pratico a generosidade,
a harmonia e o bem-querer.**

PENSAMENTO PARA A MANHÃ

Tratar o próximo com empatia é entender que ninguém é perfeito e mesmo assim o mundo continua a girar.

Meditação do dia

Onde houver paixão não haverá paz.
Onde houver paz não haverá paixão.

Mesmo presos à paixão e nutrindo a discórdia, os homens rezam pela paz e pelo repouso celestial, o que denota profunda ignorância espiritual. Ódio e amor, guerra e paz não habitam o mesmo coração. Enquanto o amor e a paz são bem-vindos, o ódio e a guerra comparam-se a indesejados intrusos. Quem despreza e se opõe ao próximo também será desprezado e enfrentado. Mas o homem egoísta não se surpreende, lamenta os outros estarem divididos e sabe que está disseminando discórdia, pois não está em paz. Pela autoconquista se atinge a paz perfeita.

PENSAMENTO PARA A NOITE

Seremos criticados mesmo fazendo o nosso melhor. Portanto, julgue menos, censure menos. Você também será beneficiado por essa atitude.

Procuro deixar a minha mente em paz.

PENSAMENTO PARA A MANHÃ

O tempo é único e não se renova. Assim, reflita no que quer dizer e pense no que quer fazer, e conseguirá usufruir melhor do seu tempo e do outro.

Meditação do dia

Quando um resquício de raiva permanece no seu coração, nada que acontecer será tão bom quanto se o amor e o perdão estivessem nele.

O ódio, a hostilidade e o ressentimento aniquilam a paz e a felicidade. Nenhuma vida sai ilesa se for prejudicada por esses sentimentos destrutivos e todos ao seu redor sofrerão as consequências: o próximo, o irmão abandonado. O caminho para encontrar o homem virtuoso exige determinação e obediência. O sofrimento o acompanhará por esse trajeto e aos poucos sentirá a mente se ocupar com boas intenções, e o coração se encherá de coragem e bravura para combater o egoísmo e a paixão, fazendo nascer o sábio, que só tem olhos para o amor e a compaixão.

PENSAMENTO PARA A NOITE

O descanso é reparador para o corpo e a mente. Permite que pensemos com ponderação em nossos erros e acertos para fazermos melhores escolhas.

Eu faço reflexões todos os dias sobre meus erros e acertos.

Agosto

1º de agosto

PENSAMENTO PARA A MANHÃ

O bem que você faz hoje pode ser esquecido amanhã. Faça-o assim mesmo. Ao final, é tudo entre você e sua consciência. Jamais entre você e os outros.

Meditação do dia

Que o homem abandone o eu, que ele vença o mundo, que ele renuncie a si mesmo. Somente por esse caminho ele entrará no coração do infinito.

"A boa vontade permite *insights*", e aquele que venceu seu eu interior tem apenas uma atitude na mente, a da boa vontade, que é a posse do *insight* divino, capaz de distinguir o verdadeiro do falso. O homem sumamente bom é, portanto, o sábio, o divino, o visionário esclarecido, o conhecedor do eterno. Onde você encontrar permanente bondade, paciência duradoura, humildade sublime, palavras benevolentes, autocontrole e simpatia profunda e abundante, procure aí a sabedoria suprema. Procure a companhia Dele, porque Ele conheceu o divino, Ele vive com o eterno.

PENSAMENTO PARA A NOITE

Enquanto o dia semeia sonhos, a noite rega a esperança e os desejos de recomeço. Ao amanhecer, floresce a realidade desejada.

Eu coloco no centro da vida a grande lei do amor para poder chegar à serenidade, à harmonia e à paz.

PENSAMENTO PARA A MANHÃ

Aqueles que estão espiritualmente alertas compreendem sozinhos a realidade universal, onde todas as aparências são dissipadas e os sonhos e ilusões são destruídos.

Meditação do dia

Compreender o infinito e o eterno é transcender o tempo.

Para evitar toda participação no mal e na discórdia, para resistir a toda crueldade, à omissão do que é bom e voltar a obedecer inabalavelmente à sagrada calma interior, é preciso penetrar no âmago do ser, atingir uma experiência consciente e viva do princípio eterno e infinito que precisa continuar sendo um mistério inacessível à mente meramente perceptiva. Até que esse princípio se concretize, a alma não conhece a paz, e aquele que assim procede é verdadeiramente sábio. Não é sábio com a sabedoria dos eruditos, mas com a simplicidade de um coração imaculado e de uma humanidade divina. Entender essa lei, essa unidade, essa verdade é penetrar no infinito, é tornar-se um com o eterno.

PENSAMENTO PARA A NOITE

O egoísmo e a luxúria são sentimentos que levam o homem à solidão. Seu destino mudará ao entender que o amor e a bondade o guiarão ao divino.

Eu luto contra o egoísmo e a luxúria.

3 de agosto

PENSAMENTO PARA A MANHÃ

O significado do mundo torna-se real pela atitude humana, iluminada pela sabedoria e aquecida pelo amor de Deus.

Meditação do dia

Instale-se na imortalidade, no céu e no espírito que constituem o império da luz.

Ao procurar salvar sua vida pessoal, o homem despreza a vida impessoal maior da verdade. Ao apegar-se ao perecível, ele é excluído do conhecimento do eterno. Penetrar no infinito não é mera teoria ou sentimento, é uma experiência vital que resulta de prática assídua da purificação interior. Quando o corpo não puder mais ser o homem real, mesmo remotamente, quando todos os apetites e desejos forem dominados e purificados, quando as emoções forem tranquilizadas e abrandadas, quando a mente parar de oscilar, e o perfeito equilíbrio estiver garantido, então, e só então, a consciência se unificará com o infinito. Só então a sabedoria pueril e uma profunda paz estarão garantidas, o caminho ao divino estará fortalecido para que seus passos sejam firmes.

PENSAMENTO PARA A NOITE

Não se esqueça de que a felicidade é um sentimento simples; você pode encontrá-la e deixá-la ir embora por não perceber sua simplicidade.

Eu vivo os pequenos momentos felizes.

PENSAMENTO PARA A MANHÃ

Infeliz é o espírito ansioso pelo futuro, pois só se dedica a esperar pelo futuro quem não sabe viver o momento presente.

Meditação do dia

O eu e o pecado são sinônimos.

O pecado está envolvido na escuridão da insondável complexidade, mas a simplicidade eterna é a glória da verdade. O amor ao eu afasta os homens da verdade, e ao procurar sua felicidade pessoal eles perdem a bem-aventurança mais profunda, mais pura e mais abundante. Como afirma Carlyle: "Há no homem algo superior à felicidade. Ele pode prescindir dela e, mesmo assim, encontrar a bem-aventurança... Não ame o prazer, ame a Deus. Este é o eterno sim, onde não há contradição, onde aquele que assim caminha e trabalha está bem consigo mesmo".

PENSAMENTO PARA A NOITE

Pense em você como alguém que morreu. Você viveu sua vida. Agora, agarre os dias que sobraram e viva-os de maneira adequada. Aquele que não transmite luz cria a própria escuridão.

Eu vivo em paz.

PENSAMENTO PARA A MANHÃ

Sair do próprio eu é um dos sonhos mais inteligentes que um homem pode ter.

Meditação do dia

O mundo da realidade. Princípio imutável.

Quando o homem vence a luxúria, o pecado, as difamações e os preconceitos, ele penetra no conhecimento de Deus. Sacrificando o desejo egoísta do céu e o medo ignorante do inferno, renunciando até ao amor da própria vida, ele chega à suprema bem-aventurança e à vida eterna, a vida que forma a ponte entre a vida e a morte, e tem consciência da própria imortalidade. Ao desistir de tudo incondicionalmente, ele recebe tudo e descansa em paz no seio do infinito. Somente aquele que se libertou do eu e se sente igualmente feliz, tanto por ser aniquilado quanto por viver, está apto a entrar no infinito. Pela entrega do eu, todas as dificuldades são superadas.

PENSAMENTO PARA A NOITE

Fazemos projetos para o futuro, mas não sabemos se teremos o futuro. Planejar a vida é prudente; porém, sem deixar o hoje para amanhã.

Eu não deixo o hoje para amanhã.

PENSAMENTO PARA A MANHÃ

A solidão talvez seja o momento de transição do homem egoísta para o homem sábio. Na solidão ele se dá conta de sua mesquinhez e reflete.

Meditação do dia

Não há arrependimento, nem decepção,
nem remorso, onde não há egoísmo.

O espírito do amor que se manifesta como uma vida plena e perfeita é a coroação do ser e o fim supremo do conhecimento sobre este mundo. Como o homem se comporta diante da provação e da tentação? Muitos que se orgulham de serem detentores da verdade são continuamente acometidos por tristeza, decepção e paixão, e sucumbem diante da primeira provação que surge. A verdade não é nada se não for imutável, e, à medida que o homem assume uma posição sobre a verdade, ele torna-se inabalável na virtude, ele se eleva acima das paixões, das emoções e de seu eu mutável. Aquele que é paciente, sereno e indulgente, manifesta a verdade em todas as situações.

PENSAMENTO PARA A NOITE

Para quem não sabe para onde vai, qualquer caminho serve. É o que pensa o inconsequente, que não busca encontrar Deus ao fim de sua jornada.

Eu defino meu caminho.

PENSAMENTO PARA A MANHÃ

A vida pode derrubar até o mais forte, se ele construiu sua fortaleza sobre a mentira e a ganância. A vida do sábio é indestrutível: Deus o acompanha.

Meditação do dia

*Pratique a virtude de coração e procure
humilde e diligentemente a verdade.*

A verdade nunca será provada por argumentos prolixos ou tratados eruditos, porque, se os homens não perceberem a verdade na paciência infinita, no perdão eterno e na compaixão universal, não há como prová-la com palavras. É muito fácil para os passionais serem serenos e pacientes em ambiente calmo ou a sós. Também é fácil para os caridosos serem amáveis e bondosos quando são tratados com bondade. Mas aquele que mantém a paciência e a serenidade diante das provações é amável em circunstâncias desafiadoras; ele, e somente ele, possui a verdade imaculada. Só existe uma lei abrangente que é a base do universo: a lei do amor.

PENSAMENTO PARA A NOITE

O passado pode gerar depressão, o futuro, ansiedade e o presente pode gerar estresse. Viva o seu tempo com alegria e Deus no coração.

Eu procuro diligentemente a verdade.

PENSAMENTO PARA A MANHÃ

Nossa mente é poderosa. Se podemos gerar ansiedade, fraqueza ou raiva, podemos ser fortes e nos concentrar em serenidade, energia e amor.

Meditação do dia

Conhecer a lei do amor e harmonizar-se conscientemente com ela é tornar-se imortal, invencível, indestrutível.

É por causa do esforço envidado pela alma para entender essa lei que os homens continuamente acabam vivendo, sofrendo e morrendo. Quando a alma tiver entendido, o sofrimento desaparecerá, o eu se dispersará e a vida carnal e a morte serão destruídas, porque a consciência se unirá ao eterno. A lei é absolutamente impessoal, e sua expressão mais elevada é servir. Quando o coração purificado percebe a verdade, ele é chamado a fazer o último, o maior e o mais sagrado sacrifício, o sacrifício do merecido gozo da verdade. E assim, a alma será o ser, o valorizado servo de toda humanidade. Somente o espírito do amor é digno de merecer a adoração ilimitada da posteridade.

PENSAMENTO PARA A NOITE

Quando o peito aperta o coração porque ele está sofrendo e a dor não consegue sair, não sofra sozinho, acredite no amigo, converse com Deus.

Eu converso com Deus.

9 de agosto

James Allen

PENSAMENTO PARA A MANHÃ

A alma é capaz de atrair boas e más influências, mas o que não lhe faz bem é repelido pela sabedoria da mente e pela bondade do coração.

Meditação do dia

A verdade não pode ser limitada.

Esta é a glória do santo, do sábio e do salvador: ele conheceu a mais profunda humildade, o mais sublime altruísmo. Por ter desistido de tudo, até do próprio eu, todas as suas obras são sagradas e duradouras, porque ele se libertou de toda mácula do eu. Ele dá sem pensar em receber de volta. Ele trabalha sem se lamentar do passado ou sem prever o futuro, e nunca procura recompensa. Assim, reconhece a grande lei soberana que governa a colheita do agricultor, o qual semeia bondade sem se preocupar com os resultados, sabendo que ela é tanto fonte de preservação quanto de destruição. O homem se torna santo perseverando incansavelmente no autossacrifício.

PENSAMENTO PARA A NOITE

Não é fácil caminhar para a prosperidade quando há resquícios de egoísmo e mágoa no eu. Apoiar-se na fé abrevia a jornada e a torna mais leve.

Eu tento me livrar de mágoas e do egoísmo todos os dias da minha vida.

PENSAMENTO PARA A MANHÃ

Somos o que pensamos e agimos. De nada vale expressar nosso pensamento no amor ao próximo se não dividimos o pão com um amigo.

Meditação do dia

Aquele que segue o caminho da santidade começa refreando suas paixões.

O que os santos, os sábios e os salvadores conseguiram você também conseguirá, mas somente se seguir o caminho que eles trilharam e indicaram: o caminho do altruísmo, do serviço abnegado. A verdade é simples. Ela diz: "Renuncie ao eu", "Venha a mim, afaste-se de tudo o que contamina" e "Eu lhe darei o repouso". Toda montanha de comentários acumulados sobre a verdade não a esconde do coração que sinceramente procura a retidão. A bela simplicidade e a clara transparência da verdade permanecem inalteradas e intocadas, e o coração generoso penetra nela e participa de seu brilho radiante.

PENSAMENTO PARA A NOITE

Negar o mal em pensamento de nada vale se brigamos por bens materiais, se ofendemos quem está ao nosso redor ou se recusamos ajuda ao próximo.

Estou sempre em busca do meu ideal.

PENSAMENTO PARA A MANHÃ

A felicidade da vida depende do valor dos nossos pensamentos. Sendo nobres ou indignos, eles nortearão o sentido de nossa existência.

Meditação do dia

Só é possível dizer que você está "pronto e com a mente sã" quando você se identifica com o divino.

O divino interior é a mansão da paz, o templo da sabedoria, a morada da imortalidade. Fora desse lugar de repouso interior, desse monte da visão, não pode haver paz nem conhecimento do divino, e se puder permanecer lá um minuto, uma hora ou um dia, poderá permanecer lá por toda a eternidade. Todos os seus pecados e tristezas, seus medos e ansiedades, são somente seus, e você decide se quer continuar preso ou renunciar a eles. Você terá de chegar à liberdade e à paz sozinho, pelos próprios esforços, vencendo o que aprisiona sua alma e o que destrói sua paz. Abandone todo egoísmo. Abandone seu eu, e de repente a paz de Deus será sua

PENSAMENTO PARA A NOITE

Por causa dos nossos comportamentos, construímos uma sociedade na qual todos desconfiamos de todos. Estamos nas mãos de Deus.

Eu abandono meu eu em favor da paz de Deus.

PENSAMENTO PARA A MANHÃ

A busca da verdade deve ser incessante, pois faz pensar e tomar atitudes. A mentira, ao contrário, acomoda e cria ilusões.

Meditação do dia

Livre-se das tormentas do pecado e do sofrimento.

Para ensinar a paz aos homens é necessário atravessar o deserto da dúvida. Para ensinar o amor é preciso atravessar o deserto do desespero. Para ensinar a paz, urge atravessar o imenso oceano da discórdia. O homem deverá expulsar os demônios de seu coração humano, padecer na noite escura do sofrimento, expulsar os demônios da difamação de seu coração, encontrar às margens do silêncio a libertação de toda a selvagem inquietação da vida, da aflição, restando somente a verdade, o amor e a serena conciliação.

PENSAMENTO PARA A NOITE

Antecipamos ameaças, os medos vazios que, na realidade, são improváveis de ocorrer ou não têm a magnitude que nossa ansiedade faz parecer.

Eu vivo a bem-aventurança.

13 de agosto

James Allen

PENSAMENTO PARA A MANHÃ

A dor é inevitável, contudo, acaba, como um machucado que cicatriza. Mas o sofrimento é uma opção, que pode durar anos. Valorize o tempo.

Meditação do dia

Torne-se puro e amável e será amado por todos.

Pense em seus empregados com bondade, pense na felicidade e no conforto deles, e nunca exija deles aquela perfeição no trabalho que você mesmo não conseguiria atingir se estivesse no lugar deles. Rara e maravilhosa é a humildade de alma de um empregado que se desprende completamente de si mesmo para o bem do patrão. Mas muito mais rara e mais bela, e de uma beleza divina, é a nobreza de alma do homem que se esquece da própria felicidade em prol da felicidade daqueles que estão sob seu comando e que dependem dele para sua sobrevivência. Seja amável com os outros e logo estará rodeado de amigos.

PENSAMENTO PARA A NOITE

É preciso um pouco de coragem para querer viver, pois os conflitos entre o bem e o mal, a dor, sufocam tanto que a luz do fim do túnel desaparece.

Eu pratico as boas ações, portanto, vigio meu coração, pois sou humano.

PENSAMENTO PARA A MANHÃ

Aquele que tem muito, deseja ter mais, pois é insaciável. Aquele que possui o suficiente obteve o que o rico jamais poderá atingir: o fim de seus desejos.

Meditação do dia

Não há mal no universo. Suas raízes e origens estão na mente humana.

Como o sol nascente faz desaparecer as sombras inúteis, assim também todas as forças impotentes do mal são ofuscadas pelos raios que iluminam os pensamentos positivos irradiados por um coração que se fortaleceu na pureza e na fé. Onde houver fé genuína e pureza descomprometida, haverá saúde, sucesso e poder. Nessa pessoa, a doença, o fracasso e a tragédia não terão abrigo, porque não encontrarão nada para se alimentar. Até as condições físicas são amplamente determinadas pelos estados mentais; o homem é superior ao corpo, seu corpo é o que ele se torna pelo poder do pensamento.

PENSAMENTO PARA A NOITE

Avalie todas as coisas pelos desejos naturais, aqueles que possam ser satisfeitos de graça ou por pouco valor. Não confunda vícios com desejos.

Eu pratico o autocontrole; só assim ele se tornará perene em mim.

15 de agosto

PENSAMENTO PARA A MANHÃ

Não expresse tudo o que sente, pois nem todos são merecedores de sua confiança; busque opiniões, mas conceba o próprio juízo.

Meditação do dia

Renuncie.

Se você sente raiva, ciúme, ganância ou qualquer outro estado mental desarmonioso e espera ter saúde física perfeita, você espera o impossível, porque está continuamente espalhando as sementes da doença em sua mente. Essas condições mentais são cuidadosamente evitadas pelos sábios porque sabem que elas são muito mais perigosas que um ralo em mau estado ou uma casa infectada. Se quiser se livrar de todas as dores físicas e sofrimentos e quiser gozar de perfeita harmonia real, organize sua mente e harmonize seus pensamentos. Elabore pensamentos alegres. Cultive ideias amorosas.

PENSAMENTO PARA A NOITE

Quem pratica o bem ao próximo pode ter interesse em dominá-lo ou em ser amado por ele. O altruísmo não pode ser convertido em necessidade própria.

Eu pratico a graça e a beleza presentes em Jesus.

PENSAMENTO PARA A MANHÃ

As relações humanas são mantidas pela capacidade que temos de conversar mansamente, conversar como uma brincadeira. Conversas não são disputas.

Meditação do dia

Em quaisquer circunstâncias, siga suas mais elevadas inspirações interiores.

Enquanto segue seu caminho pelo oceano da vida, despeje o óleo da tranquilidade sobre as águas turbulentas das paixões e preconceitos e as tempestades da desventura. Embora elas possam ameaçar, não conseguirão afundar o barco de sua alma. Se o barco for conduzido por uma fé vívida e infalível, seu curso será duplamente seguro, e muitos perigos que poderiam destruí-lo serão evitados. Toda obra duradoura é concluída pelo poder da fé. A fé no supremo, na lei soberana, em seu trabalho e em sua capacidade de realizá-lo é a rocha sobre a qual precisa construí-la, se quiser se manter firme.

PENSAMENTO PARA A NOITE

Muitas frustrações acontecem por você cobrar desempenhos de um eu que você acredita ser. Deus aceita as pessoas como elas são.

Eu me aceito como sou.

17 de agosto

PENSAMENTO PARA A MANHÃ

Precisamos redescobrir a conversa não como uma forma de afirmar nosso ponto de vista, mas de agradar ao interlocutor com sabedoria.

Meditação do dia

Que seu coração cresça em grandeza, amor e abnegação, e grandes e duradouros serão seu poder e sucesso.

Cultive um espírito puro e altruísta, associe-o a um único propósito de pureza e fé, e evoluirá com base no sucesso duradouro de grandeza e poder. Se seu emprego atual não lhe agrada e seu coração não está no trabalho, mesmo assim execute suas funções com diligência meticulosa. Embora tenha em mente a ideia de que uma posição melhor e oportunidades melhores o aguardam, mantenha sempre um olhar mental ativo para as novas oportunidades. Assim, quando o momento crítico chegar, sua mente estará preparada para aproveitá-lo com inteligência e perspicácia.

PENSAMENTO PARA A NOITE

A ostentação e a arrogância causam repulsa porque criam uma hierarquia, diminuindo as pessoas para tentar se elevar. A elevação precisa se dar naturalmente, pela sua capacidade, pelos seus atos e pelos seus gestos. Senão, apenas você julgará ter-se elevado.

Eu me corrijo todas as vezes em que sou tentado a ostentar ou a ser arrogante.

PENSAMENTO PARA A MANHÃ

As coisas que nos assustam são em maior número que as que efetivamente fazem mal, e nos afligem mais pelas aparências que pelos fatos.

Meditação do dia

Tenha uma meta única. Estabeleça uma meta legítima e proveitosa e dedique-se incondicionalmente a ela.

Eu conheci um jovem que passava por seguidos reveses e adversidades e era ridicularizado pelos amigos. Quando lhe diziam para desistir de continuar se esforçando, ele respondia: "Não está muito distante a hora em que vocês hão de se maravilhar com a minha sorte e sucesso". Ele mostrou que já possuía o poder irresistível e o silêncio que o haviam ajudado a vencer inúmeras dificuldades e coroado sua vida de sucesso. Se você não tiver esse poder, poderá adquiri-lo pela prática, pois o começo do poder é o mesmo começo da sabedoria. Não desperdice sua valiosa energia com tolas trivialidades.

PENSAMENTO PARA A NOITE

A finitude é o que permite à vida ser maravilhosa. Permite ao homem extrair dela o seu melhor, olhar para si e para o próximo com generosidade.

Eu tenho uma meta legítima e proveitosa.

19 de agosto

PENSAMENTO PARA A MANHÃ

Sonhamos com a navegação em águas tranquilas, mas o que testa o capitão é a tempestade que se forma no mar, e não no céu azul de um lago sereno.

Meditação do dia

Felicidade é aquele estado interior de perfeita gratificação, ou seja, de alegria e paz.

A satisfação que resulta do desejo satisfeito é efêmera e ilusória e vem sempre acompanhada da necessidade de mais satisfação. O desejo é insaciável como o oceano, e clama cada vez mais alto à medida que as necessidades são satisfeitas. Ele exige uma predisposição sempre crescente de seus devotos iludidos, até eles serem finalmente acometidos de uma angústia física e mental e lançados nas chamas purificadoras do sofrimento. O desejo é a região do inferno onde estão todos os tormentos. Abdicar do desejo é encontrar o céu, onde a paz aguarda o peregrino.

PENSAMENTO PARA A NOITE

Nenhuma ciência jamais secou uma lágrima. Saber que a morte é inevitável não consola a mãe que perde o filho. Estar ao lado de Deus consola.

Eu me dedico todos os dias a colher a felicidade.

PENSAMENTO PARA A MANHÃ

A água da chuva que não segue seu curso normal para encontrar as águas cristalinas do mar azul transforma-se num pântano de águas turvas.

Meditação do dia

Buscar de forma egoísta é simplesmente perder a felicidade.

Mergulhe no eu e em todos os seus prazeres e mergulhará no inferno. Eleve-se acima do eu, naquele estado de consciência que é a sua absoluta negação e esquecimento, e entrará no céu. O eu é cego, não tem discernimento, não tem o verdadeiro conhecimento, e sempre leva ao sofrimento. A percepção correta, a sensatez não tendenciosa e o verdadeiro conhecimento são atributos que só o estado divino tem, e somente quando você atingir essa consciência divina saberá o que é felicidade. Ao se desprender de si mesmo a serviço do próximo, a felicidade virá. Você viverá a eterna felicidade quando deixar de se apegar egoisticamente e estiver disposto a renunciar.

PENSAMENTO PARA A NOITE

A vida é feita de contrapontos: o dia e a noite, a tristeza e a felicidade, a terra e o mar, o amor e o ódio. Esse é o caminho para descobrir a fé em Deus.

Eu busco me aprimorar para dominar o mundo espiritual.

21 de agosto

James Allen

PENSAMENTO PARA A MANHÃ

A sucessão de gripes deixa o sistema imunológico mais resistente, e o osso quebrado se calcifica e se solidifica com mais resistência.

Meditação do dia

Qualquer que seja o tema em que meditar constantemente, além de começar a entendê-lo você também se parecerá cada vez mais com ele.

O caminho para a divindade é a meditação espiritual. É a escada mística que se estende da terra ao céu, do vício à verdade, do sofrimento à paz. Todos os santos a percorreram. Todos os pecadores cedo ou tarde chegarão a ela, e todos os peregrinos cansados, que renunciaram ao eu e ao mundo e voltaram sua face com determinação na direção da casa do Pai, precisam fincar os pés em seus degraus dourados. Sem essa ajuda você não atingirá o estado divino, a semelhança com o divino, a paz divina; as glórias permanentes e as alegrias impolutas da verdade continuarão inacessíveis a você.

PENSAMENTO PARA A NOITE

O grande amigo sabe ver a felicidade do outro. Empatia não é apenas sentir a dor do outro. É também sentir-se feliz por ele. Deus quer todos felizes.

Eu trabalho para purificar meu coração.

PENSAMENTO PARA A MANHÃ

Tantas vezes pensamos ter chegado, mas tantas vezes é preciso ir além, pois o ponto de chegada pode ser mais um ponto de partida.

Meditação do dia

Se quiser sentir uma paz profunda e duradoura,
venha agora e entre no caminho da meditação.

Escolha um período do dia para meditar e mantenha-o sagrado para esse propósito. A melhor hora é pela manhã bem cedo, quando o espírito do repouso domina tudo e todas as condições naturais lhe são favoráveis. Depois do longo jejum da noite, as paixões estarão dominadas, as tribulações e preocupações do dia anterior estarão mortas e a mente forte e ainda relaxada estará pronta para a instrução espiritual. Na verdade, um dos primeiros esforços que você terá de fazer será se livrar da letargia e da indulgência. E, se você se recusar, não conseguirá avançar, porque as exigências do espírito são imperiosas.

PENSAMENTO PARA A NOITE

Não é saudável mostrar-se muito íntimo, pois a familiaridade excessiva gera desprezo; limites são necessários.

Eu vigio a minha mente.

23 de agosto

James Allen

PENSAMENTO PARA A MANHÃ

Em um passado não muito distante, admitir a própria ignorância era sinal de humildade. Hoje pode ser um risco para o futuro.

Meditação do dia

A resolução é companheira de objetivos nobres e ideais sublimes.

Ao aplicar o conhecimento da lei divina do amor a todos os seus pensamentos, palavras e atos, e compreender sua capacidade de modificar todos os percalços da vida, você crescerá, tornando-se cada vez mais amável, cada vez mais amoroso e cada vez mais divino. A aridez de todo erro, de todo desejo egoísta e de toda fraqueza humana será superada pelo poder da meditação. Quando todo pecado e todo erro forem eliminados, uma medida mais clara e mais plena da luz da verdade iluminará a alma do peregrino.

PENSAMENTO PARA A NOITE

A vida é como um jogo de xadrez: concebemos um plano que é condicionado àquilo que no xadrez, na vida, no destino, o oponente fará.

A meditação que pratico todos os dias me leva ao mundo do bem.

PENSAMENTO PARA A MANHÃ

Se você tem sempre o copo cheio, não tem mais como enriquecer. É difícil conviver com alguém que tem certeza de que já sabe tudo.

Meditação do dia

A meditação enriquecerá a alma com lembranças salvadoras no momento da discórdia, da tristeza ou da tentação.

Pelo poder da meditação, você crescerá em sabedoria, renunciará cada vez mais aos desejos egoístas, que são volúveis, transitórios e produzem tristeza e sofrimento. Com crescente perseverança e confiança, permanecerá fiel aos princípios imutáveis e atingirá o descanso celestial. A prática da meditação é um requisito essencial para o conhecimento dos princípios eternos. O poder que resulta da meditação é a capacidade de se apoiar e confiar nesses princípios e, assim, tornar-se um com o eterno. O objetivo da meditação é, portanto, o conhecimento direto da verdade, de Deus e da profunda paz. Lembre-se de que para crescer na verdade você precisa de perseverança contínua.

PENSAMENTO PARA A NOITE

Não é prudente ter pressa, mas não se pode desperdiçar tempo, o bem mais precioso e finito que um homem pode ter.

Eu pratico a perseverança.

PENSAMENTO PARA A MANHÃ

Os questionamentos sinceros sobre a existência surgem em momentos de infelicidade, quando duvidamos de todos e do rumo de nossa vida.

Meditação do dia

Aquele que crê galga rapidamente as colinas celestiais.

Acredite que uma vida perfeitamente santa é possível. Se assim acreditar, aspirar e meditar, divinamente suave e bela será sua experiência espiritual e gloriosas serão as revelações que encantarão sua visão interior. Quanto mais você entende o amor divino, a justiça divina, a perfeita lei do bem, ou Deus, maior será sua bem-aventurança e mais profunda a sua paz. O passado morrerá e tudo será novo. O tempo deixará de existir e você viverá somente na eternidade. A mutabilidade e a mortalidade não causarão mais nenhuma ansiedade e tristeza, porque você estará no imutável e viverá no coração da imortalidade.

PENSAMENTO PARA A NOITE

O orgulho é a fonte de todas as fraquezas, porque é fonte de todos os vícios; apenas a humildade pode nos fazer voar alto e alcançar a sabedoria.

Eu creio.

PENSAMENTO PARA A MANHÃ

Inveja é a tristeza pela felicidade do outro e não se refere a alguém distante; na cobiça, seu sucesso é perdoado e sempre diz respeito a alguém distante.

Meditação do dia

Você não verá a beleza da verdade enquanto continuar a ver com os olhos do eu.

Na batalha da alma humana, dois senhores sempre lutam pelo reino e pelo domínio do coração: o senhor do eu, o "príncipe deste mundo", e o senhor da verdade, o Deus Pai. O primeiro é o rebelde, cujas armas são paixão, orgulho, vaidade, teimosia, as armas da escuridão. O outro é manso e humilde, cujas armas são bondade, paciência, pureza, humildade, amor, as armas da luz. A batalha é travada, e como um soldado não pode se engajar ao mesmo tempo em dois exércitos oponentes, seu coração se alista em uma das fileiras. Não há meio-termo, não se pode servir a Deus e ao dinheiro ao mesmo tempo.

PENSAMENTO PARA A NOITE

A tristeza da mente consome a disposição da existência, a energia do corpo, que fica fraco e perde resistência para lutar contra os males que o afligem.

Eu desejo a paz.

PENSAMENTO PARA A MANHÃ

Estamos em plena transformação, os dias são inéditos quando amanhecem. A alegria não é eterna, porque ela se renova e será outra alegria.

Meditação do dia

Aqueles que amam a verdade sentem
com o sacrifício o próprio eu.

Você procura conhecer e entender a verdade? Então precisa estar preparado para se sacrificar, renunciar até as últimas consequências, porque a verdade, em todo seu esplendor, só poderá ser percebida e conhecida quando o último vestígio do eu não existir. O Cristo eterno afirmou que aquele que quisesse ser Seu discípulo precisaria "renunciar a si mesmo, todos os dias". Se estiver disposto a renunciar a si mesmo, a abdicar de seus desejos, preconceitos e acusações, poderá passar pelo caminho estreito da verdade e encontrar a paz. A renúncia absoluta, o abandono do eu, é o estado de perfeita verdade.

PENSAMENTO PARA A NOITE

Quanto mais opções de escolha, maior será a angústia. Ao ser guiado por Deus, o caminho será sempre derivado da fé, a melhor escolha.

Estou de mãos dadas com a verdade.

PENSAMENTO PARA A MANHÃ

Quanto mais óbvia é a presença de alguém, maiores serão as oportunidades perdidas e mais sentida será a sua partida.

Meditação do dia

Todo homem santo é um salvador da humanidade.

Quando os homens, perdidos nos caminhos sinuosos do pecado e do eu, se esquecem do "nascimento celestial", do estado de santidade e verdade, eles criam padrões artificiais, segundo os quais julgam uns aos outros e aceitam e se prendem à própria teologia particular para testar a verdade. Por isso os homens se colocam uns contra os outros e alimentam uma incessante inimizade e discórdia, uma interminável tristeza e sofrimento. Para sentir o nascimento da verdade, só existe uma forma: *permitir que o eu morra.* Esforce-se humildemente para aprender a lição suprema da caridade.

PENSAMENTO PARA A NOITE

Todo ódio é fruto do medo, toda pessoa violenta tem medo e é incapaz de ter consciência de si. Por isso não se deve temer a Deus, pois Ele traz paz.

Eu treino minha mente com pensamentos abnegados.

PENSAMENTO PARA A MANHÃ

Algumas pessoas gostam de vê-lo bem, mas nunca melhor que elas. Portanto, saiba quem está ao seu lado. Deus lhe dá o poder da visão filtrada.

Meditação do dia

A causa de todo poder, como de toda fraqueza, está dentro de nós.

Uma compreensão perfeita dessa lei suprema permite atingir esse estado mental conhecido como *obediência*. Saber que justiça, harmonia e amor são soberanos no universo é saber que todas as condições adversas e dolorosas resultam de nossa desobediência a essa lei. Esse conhecimento leva à força e ao poder, e é somente sobre esse conhecimento que se pode construir uma vida verdadeira, de sucesso e de felicidade duradouros. Ser paciente e aceitar as circunstâncias como fatores necessários para seu treinamento é tornar-se superior a todas as dificuldades e superá-las da forma certa.

PENSAMENTO PARA A NOITE

Reduzir ao máximo as expectativas em relação ao próximo é o caminho mais seguro para escaparmos de uma grande infelicidade.

Eu persigo o caminho da felicidade interior.

PENSAMENTO PARA A MANHÃ

Inspire-se em bons exemplos, mas não deixe de ser você mesmo. Que a sua atividade seja algo novo na natureza e que suas atitudes reflitam a bondade.

Meditação do dia

Não há uma base segura na prosperidade ou na paz, exceto pelo avanço ordenado do conhecimento.

Talvez as correntes da pobreza sejam muito pesadas para você, que está sozinho, sem amigos, e espera ansiosamente que a carga seja aliviada. Mas o fardo continua, e você parece estar envolvido em uma escuridão cada vez maior. Você pode reclamar, lamentar o seu destino, culpar seu nascimento, seus pais, seu empregador ou os poderes injustos que lhe infligiram pobreza e dificuldades tão imerecidas, e a outros concederam tanta riqueza e facilidades. Pare de se lamentar e de se afligir. Nada disso é a causa da sua pobreza, pois ela está dentro de você, e onde está a causa está o remédio.

PENSAMENTO PARA A NOITE

Não espere o dia acabar, a sexta-feira chegar ou o fim do mês se aproximar. Se nossas expectativas estiverem só no futuro, a vida acabará mais rápido.

Eu luto diariamente com os meus fracassos.

31 de agosto

PENSAMENTO PARA A MANHÃ

O que importa não é viver muito, mas viver com qualidade. Com efeito, vida longa quem decide é o destino; e vida plena, o seu espírito.

Meditação do dia

Seus pensamentos são o seu verdadeiro eu.

O mundo animado e inanimado mostra os aspectos que os pensamentos criam. "Somos o resultado do que pensamos, e nosso universo se baseia em nossos pensamentos." As palavras de Buda inferem que aquele que elabora pensamentos felizes é feliz; portanto, é infeliz quem insiste em pensamentos desencorajadores e deprimentes. O medroso ou corajoso, tolo ou sábio, inquieto ou sereno têm a causa de seu estado dentro da alma, jamais fora dela. Isso não significa que as circunstâncias externas não afetem nossa mente, mas elas só podem afetá-lo se você permitir.

PENSAMENTO PARA A NOITE

Nada melhor que o tempo para alcançar a excelência como pessoa. Nada melhor que a sabedoria para discernir o bem do mal.

Eu pratico pensamentos positivos, bons, promissores.

Setembro

1º de setembro

PENSAMENTO PARA A MANHÃ

Ao procurar o bem para os nossos semelhantes, encontraremos o nosso bem, e o coração será agraciado com a bondade valorizada por Deus.

Meditação do dia

Fazer uma vida útil e feliz depender da saúde é colocar a matéria à frente da mente, é subordinar o espírito ao corpo.

Homens de mente robusta não se preocupam com a saúde física se ela não estiver em boas condições – *eles a ignoram* e continuam trabalhando e vivendo como se estivessem saudáveis. Essa despreocupação com o corpo não só mantém a mente sã e forte, mas também é a melhor fonte para a cura do corpo. Se não pudermos ter um corpo perfeitamente sadio, podemos ter uma mente saudável, e uma mente saudável é o melhor caminho para um corpo sadio. A mente doente é pior que o corpo doente, porque ela pode provocar uma doença física.

PENSAMENTO PARA A NOITE

Quando você faz o seu melhor, celebre, reconheça sua resiliência. Tudo o que lhe aconteceu não foi em vão, pois foi o seu maior aprendizado.

Eu busco a elevação de espírito.

PENSAMENTO PARA A MANHÃ

Orgulhe-se das batalhas que enfrentou, das dificuldades por que passou muitas vezes em silêncio, das lágrimas que segurou. Você foi no seu limite.

Meditação do dia

Os homens não se tornam infelizes por causa da pobreza, mas pela sede de riqueza.

Onde houver uma causa haverá um efeito. Se a riqueza fosse a causa da imortalidade e a pobreza a causa da degradação, todos os ricos se tornariam imortais, e todos os pobres, degradados. Aquele que pratica o mal assim age em qualquer circunstância, seja ele rico, seja pobre ou esteja em qualquer situação intermediária. Aquele que pratica o bem age corretamente onde quer que esteja. Circunstâncias extremas podem ajudá-lo a evidenciar o mal que já está lá, à espreita de uma oportunidade, mas elas não podem causar mal, não podem criá-lo. Geralmente a pobreza está mais na mente que no bolso. O ganancioso pode ser milionário, mas será tão pobre como quando não tinha um tostão.

PENSAMENTO PARA A NOITE

Não importa quão devagar você vá, desde que não pare. O tempo lhe mostrará as melhores escolhas, e é isso que o divino espera de você.

Eu sigo sempre em frente, agradecendo pelas minhas escolhas.

3 de setembro

James Allen

PENSAMENTO PARA A MANHÃ

Para vencer os inimigos, suas armas são as lanças e os escudos. Dominar os próprios desejos é a vitória mais difícil, pois a arma é o seu coração.

Meditação do dia

O homem pode ser grande em erudição, grande em si mesmo e grande em sua influência sobre o mundo, desde que seja grande no autocontrole.

Extraordinária como as forças da natureza, mas extremamente inferior, é a combinação de forças inteligentes que formam a mente humana e dominam e comandam as forças mecânicas cegas da natureza. Pois entender, controlar e direcionar as forças da paixão, do desejo e do intelecto é possuir o destino dos homens e das nações. Quem entende e domina as forças da natureza externa é o cientista natural. Mas quem entende e domina as forças internas da mente é o cientista divino. O conhecimento das aparências externas e o conhecimento das verdades internas são regidos pela mesma lei suprema.

A finalidade do conhecimento é utilizar, servir e aumentar o conforto e a felicidade do mundo.

PENSAMENTO PARA A NOITE

O conhecimento é contínuo e infindável. A finalidade do conhecimento é utilizar, servir e aumentar o conforto e a felicidade do mundo. A sede de aprender sacia a alma e o espírito. Dessa forma, adquirir a sabedoria é uma simples consequência.

Eu tenho sede de aprender.

PENSAMENTO PARA A MANHÃ

Já parou para pensar que você pode estar enganado? Não importa o assunto, questione-se, duvide das suas convicções; só assim haverá enriquecimento.

Meditação do dia

Todas as coisas visíveis e invisíveis estão subordinadas e inserem-se no escopo do infinito, da lei eterna e da causalidade.

A perfeita justiça sustenta o universo, regula a vida e o comportamento humano. Todas as condições variáveis da vida, como se apresentam hoje no mundo, resultam da reação dessa lei sobre o comportamento humano. O homem pode escolher, e de fato escolhe, as causas que deverá acionar, mas ele não pode mudar a natureza dos efeitos. Ele pode decidir quais pensamentos elaborar e que ações praticar, mas não tem poder de decisão sobre os seus *resultados*, que são regulados pela lei soberana. O homem tem o poder de agir, mas esse poder termina com o ato perpetrado.

PENSAMENTO PARA A NOITE

A ocasião não faz o ladrão, mas revela um ladrão. Milhões têm a ocasião à sua frente, mas não se tornam ladrões, pois a escolha é feita antes da ocasião.

Maus pensamentos e ações produzem situações de sofrimento. Bons pensamentos e ações criam situações de bem-aventurança. Eu dirijo meus pensamentos.

5 de setembro

PENSAMENTO PARA A MANHÃ

Deus não tem apreço pelo sofrimento. Podemos ser disciplinados e seguir pelo caminho do bem sem precisar de punições ou prêmios.

Meditação do dia

É a conduta do homem que limita seu poder e determina sua bem-aventurança ou sofrimento.

A vida pode ser comparada a uma conta aritmética, difícil e complexa para os alunos que ainda não entenderam o conceito da solução. Uma vez entendido e dominado, o conceito torna-se tão simples quanto antes era enigmático. Podemos ter uma ideia dessa relativa simplicidade e complexidade da vida se entendermos que, enquanto os resultados mostram que há inúmeras formas pelas quais uma conta pode estar errada, *há apenas uma forma pela qual ela está certa.* Ao encontrar a resposta, *o aluno sabe que essa é a resposta certa* e sua dúvida e dificuldade desaparecem.

PENSAMENTO PARA A NOITE

Na vida não existem resultados falsos. O olho da lei soberana revela e expõe. A ansiedade não tira a aflição de amanhã, somente a energia de hoje. Portanto, a mente deve estar focada no que é real e no que engrandece.

Eu procuro focar minha mente no que é válido e profícuo.

PENSAMENTO PARA A MANHÃ

Minimizar ao máximo as expectativas, independentemente de quais sejam, é a estratégia mais segura para evitar grandes desilusões.

Meditação do dia

Pensamentos egoístas e más ações não produzem uma vida produtiva e bela.

A vida é como um pedaço de tecido, e os fios que o compõem são as vidas individuais. Os fios, por serem independentes, não são confundidos uns com os outros. Cada um segue seu curso. Cada pessoa sofre e se alegra com as consequências das próprias ações e não com as ações dos outros. O caminho de cada um é simples e bem definido. O todo forma uma combinação complexa, embora harmônica, de sequências. Haverá ação e reação, atos e consequências, causa e efeito, e as contrapartidas da reação, consequências e efeito serão sempre na proporção exata do impulso inicial.

PENSAMENTO PARA A NOITE

Os momentos bons acabam, mas os momentos difíceis também. A mutabilidade é a nossa lástima, mas também a nossa esperança.

Cada um constrói ou destrói a própria vida. Eu construo a minha para que ela seja de paz.

PENSAMENTO PARA A MANHÃ

Nosso inimigo interior é nosso maior desafio. Lamentos, blasfêmias e egoísmo somente serão vencidos com pensamentos fortes e nobres.

Meditação do dia

O homem é o único responsável por seus atos. Ele é o guardião de suas ações.

O "problema do mal" sobrevive por causa das más ações do homem, e só é resolvido quando essas ações são purificadas. Rousseau afirma: "Não procure a origem do mal, pois a origem está em você". Causa e efeito nunca estão dissociados e são da mesma natureza. Emerson afirma: "A justiça não pode ser adiada. Uma perfeita igualdade ajusta o equilíbrio de todas as partes da vida". É consenso de que causa e efeito são simultâneos e formam um todo perfeito. Assim, no momento em que um homem pensa, por exemplo, em uma ação cruel, nesse mesmo instante *ele ofendeu a própria mente.*

PENSAMENTO PARA A NOITE

Um pensamento amável ou uma boa ação é imediatamente seguido por nobreza e felicidade. Pelo poder da meditação, esforce-se para elevar-se acima de todo apego egoísta, acima de formalidades mortas e da ignorância sem vida.

Eu medito.

PENSAMENTO PARA A MANHÃ

Enquanto continuar procurando egoisticamente sua felicidade, enquanto a felicidade o enganar, você estará espalhando as sementes da desgraça.

Meditação do dia

Sem uma mente forte, nada valioso pode ser executado.

Cultivar a firmeza e a estabilidade de caráter, chamada de "força de vontade", é um dos principais deveres do homem, pois é extremamente necessário possuí-la para seu bem-estar temporal e exterior. A firmeza de propósitos está na base de todos os esforços bem-sucedidos, seja em questões mundanas ou espirituais. Sem ela o homem será desprezível e dependerá dos outros para obter o apoio que deveria encontrar em si mesmo. O verdadeiro caminho para cultivar a vontade está na vida cotidiana do indivíduo, e é tão óbvio e simples que a maioria passa por ele sem perceber.

PENSAMENTO PARA A NOITE

O caminho direto e único para aumentar a força é enfrentar e vencer a fraqueza. Faça aquilo que lhe pareça justo e seja sincero com a sua consciência. A justiça é um dos caminhos que levam a Deus.

Eu batalho contra a fraqueza.

PENSAMENTO PARA A MANHÃ

Quando falta a razão, o homem leva para o lado pessoal, partindo para insultos. Infelizmente, desqualifica-se o outro quando não há argumentos.

Meditação do dia

No treinamento da vontade, o primeiro passo
consiste em se afastar dos maus hábitos.

Qualquer pessoa que, ao meditar, praticar essas sete regras conseguirá desenvolver a pureza de propósito e de força de vontade que lhe permitirá enfrentar com sucesso qualquer dificuldade e atravessar triunfantemente todas as situações difíceis. Aquele que teve êxito em compreender esta verdade simples e inicial perceberá que toda ciência do cultivo da vontade está incorporada nas sete regras: romper com os maus hábitos, criar bons hábitos, manter o foco na atividade que está executando, fazer o que deve ser feito imediatamente e com entusiasmo, viver de acordo com as regras, controlar a língua e controlar a mente.

PENSAMENTO PARA A NOITE

Nenhum homem vivo existe sem algum objetivo, sem o desejo de alcançá-lo. Perdendo seu objetivo e sua esperança, o homem sucumbe à tristeza.

Eu construo objetivos.

PENSAMENTO PARA A MANHÃ

Na maioria das vezes o valor somente é dado quando perdemos algo. Não pensamos no que temos, mas sempre no que nos falta.

Meditação do dia

Ao se submeter a um mau hábito, o homem abdica do direito de dominar a si mesmo.

Aquele que pretende obter força de vontade à custa de pouco ou nenhum esforço está se enganando e enfraquecendo a virtude que já possui. A força de vontade adquirida pela superação de maus hábitos permite que a pessoa inicie a prática de bons hábitos. Porque, enquanto a aquisição de maus hábitos requer simplesmente força de propósito, a formação de um novo hábito requer *orientação inteligente de propósito*. Para isso a mente precisa estar ativa e disposta, além de se manter em constante vigilância. O rigor é um passo no desenvolvimento da vontade que não pode ser desprezado.

PENSAMENTO PARA A NOITE

Aceitar a verdade que confronta e machuca é difícil e odiável, pois a tendência das pessoas é amar a verdade apenas quando esta as ilumina.

Trabalho negligente é indicação de fraqueza. Eu luto contra a negligência.

11 de setembro

PENSAMENTO PARA A MANHÃ

Nunca se esqueça de que não está sozinho. O divino está com você, ajudando-o e guiando-o. É o amigo cujo amor conforta e fortalece.

Meditação do dia

A perfeição deve ser sempre nossa meta,
mesmo nas pequenas tarefas.

Conforme as tarefas se apresentam, deve-se não dispersar a mente, mas dedicar total atenção a elas. Manter o foco em um único propósito e intensa concentração da mente permite obter gradualmente duas forças mentais que dão peso e valor ao caráter e tranquilizam e alegram aquele que as possui. É do mesmo modo importante executar imediatamente e com entusiasmo o que quer que tenha de ser executado. Ócio e vigor não andam juntos, a procrastinação é uma barreira intransponível para a execução de uma ação deliberada. Nada deve ser "adiado" para outra ocasião, nem por alguns minutos.

PENSAMENTO PARA A NOITE

De toda crise surge a chance de renascer, de reconstruir a nós mesmos como indivíduos e de escolher qual mudança nos ajudará a crescer e a nos realizar.

Eu vivo de acordo com meus princípios
e não de acordo com minhas paixões.

PENSAMENTO PARA A MANHÃ

Não anseie ser perfeito, não se preocupe muito com o amanhã. Deus, que o guiou com segurança até agora, irá guiá-lo até o fim.

Meditação do dia

Perfeição consiste em fazer pequenas tarefas como se fossem as maiores tarefas do mundo.

É uma verdade que pequenas ações da vida podem ser extremamente importantes, mas também é verdade que nem sempre são entendidas da maneira correta. A ideia de que pequenas tarefas podem ser menosprezadas, deixadas de lado ou "empurradas com a barriga" constitui a essência dessa falta de perfeição, tão comum, e que acaba resultando em trabalho malfeito e vidas infelizes. Quando o homem entende que as grandes ações do mundo e da vida consistem em uma combinação de pequenas ações, ele começa a dedicar uma atenção redobrada às pequenas ações que antes considerava insignificantes.

PENSAMENTO PARA A NOITE

Aquele que adquire a qualidade da perfeição torna-se uma pessoa útil e influente. Acredite que Deus está em você como o sol está na cor e no perfume de uma flor. A luz estará em sua escuridão, e a voz, em seu silêncio.

Eu procuro atingir a qualidade da perfeição.

13 de setembro

PENSAMENTO PARA A MANHÃ

Precisamos acreditar. Quanto mais ameaçadora e irredutível a realidade parecer, mais firme e desesperadamente devemos acreditar. Esta é a fé.

Meditação do dia

A causa da falta de perfeição comum está na sede do prazer.

Todo empregador sabe como é difícil encontrar empregados que coloquem sua força mental e física no trabalho e que o executem de forma completa e satisfatória. No entanto, a mão de obra de má qualidade é abundante. A lei da "sobrevivência do mais forte" não se baseia em crueldade, mas em justiça. Ela é um aspecto da igualdade divina que prevalece em todo lugar. O vício é "castigado com muitas chicotadas". Se não fosse assim, como a virtude se desenvolveria? O relapso e o preguiçoso não têm precedência ou se equiparam ao meticuloso e laborioso.

PENSAMENTO PARA A NOITE

Em nosso sono, a dor que nos abate cai gota a gota em nosso coração, até que, para nossa alegria, vem a sabedoria por intermédio da sublime graça de Deus.

Eu busco a graça de Deus.

PENSAMENTO PARA A MANHÃ

Viver de memórias é uma ilusão. Como o alimento oferecido nos sonhos, isso não nutrirá, nenhum crescimento ou renascimento virá daí.

Meditação do dia

Aquele que não é rigoroso nos deveres terrenos também não o será nas ações espirituais.

Perfeição é completude, é excelência. Significa realizar uma tarefa tão bem que não deixa nada a desejar. Significa fazer o trabalho tão bem que ninguém mais poderá fazê-lo melhor. Significa exercitar muito a reflexão, investir muita energia, manter a mente com persistência na tarefa, cultivar paciência, perseverança e alto senso de dever. Um antigo professor declarou: "Se alguma coisa precisa ser feita, que o homem a faça, e que ele a ataque vigorosamente". E outro professor acrescentou: "O que quer que suas mãos precisem fazer, que o façam com todas as suas forças".

PENSAMENTO PARA A NOITE

A graça nos atinge quando estamos com grande dor. Nesse momento uma luz irrompe na escuridão, e é como se uma voz dissesse: "Deus te ama".

Eu estou seguro.

PENSAMENTO PARA A MANHÃ

Se você não sabe perdoar as pessoas que estão ao seu redor, certamente vai destruir a ponte pela qual você mesmo vai atravessar.

Meditação do dia

Aquele que não aprendeu a ser bondoso, carinhoso e feliz aprendeu muito pouco.

Desânimo, irritabilidade, ansiedade, lamentação, censura e mau humor são todos pensamentos cancerosos, doenças da mente. São indicações de más condições mentais, e seria bom que aqueles que sofrem melhorassem daqui para a frente seus pensamentos e conduta. É verdade que há muito pecado e desgraça no mundo, por isso todo nosso amor e compaixão são necessários, *mas nossa desgraça não é necessária* – já há muita desgraça. Por isso, nossa alegria e felicidade são necessárias, porque são muito poucas. Não podemos dar nada melhor ao mundo que a beleza da vida e o caráter.

PENSAMENTO PARA A NOITE

Sempre podemos ser gratos pelas provações do passado, pelas bênçãos do presente e estar preparados para abraçar com calma os problemas do futuro.

Eu sou grato a tudo o que me acontece.

PENSAMENTO PARA A MANHÃ

Enfrente as grandes tristezas da vida e seja paciente com as pequenas. Quando tiver realizado sua tarefa diária, durma em paz. Deus está acordado.

Meditação do dia

Você poderá transformar tudo que o rodeia, transformar a si mesmo.

Manter uma conduta amistosa diante de todo o antagonismo externo é indicação infalível de uma alma que venceu todos os vícios, da testemunha da sabedoria, e a prova de que possui a verdade. A alma serena e feliz é o fruto maduro da sabedoria, que espalha por todos os lados o aroma invisível de sua influência, agradando ao coração do próximo e purificando o mundo. Se você quiser a fidelidade dos outros, seja fiel. Se você quiser que o mundo se liberte da desgraça e do pecado, liberte-se. Se você quiser que sua casa e os vizinhos sejam felizes, seja feliz primeiro.

PENSAMENTO PARA A NOITE

Tudo o que aceitamos de verdade na vida deve passar por mudanças. Assim, o sofrimento deve se tornar amor; a tristeza, alegria; e a dor, felicidade.

Eu aceito.

17 de setembro

PENSAMENTO PARA A MANHÃ

Há momentos de oração que, embora passados em meio a distrações, ainda são frutíferos ao coração por causa de suas boas intenções.

Meditação do dia

A imortalidade é aqui e agora, e não uma especulação sobre o além-túmulo.

A imortalidade não está associada ao tempo e nunca será encontrada nele. Ela está associada à eternidade. Assim como o tempo está aqui e agora, a eternidade também está, e o homem pode encontrá-la e vivê-la se superar o eu que desvia sua vida do que é desagradável e perecível no tempo. Se ele permanecer imerso na satisfação, em desejos e eventos passageiros de sua vida cotidiana e considerá-los como a própria essência, não conhecerá a imortalidade. O que esse homem quer e confunde com imortalidade é *a insistência*, uma sucessão contínua de sensações e eventos temporais.

PENSAMENTO PARA A NOITE

Assim como milhares de velas podem ser acesas de uma única vela, a felicidade é um bem que se multiplica ao ser dividido.

Eu divido minha felicidade com os outros.

PENSAMENTO PARA A MANHÃ

Feliz não é a pessoa que tem tudo o que quer, pois sempre irá faltar algo, mas aquela que está satisfeita com tudo o que tem.

Meditação do dia

*A morte do corpo jamais poderá ser conferida
à imortalidade do homem.*

Os espíritos não são diferentes dos homens, vivem sua vida tediosa de consciência dividida e estão imersos na mutabilidade e na mortalidade. O homem mortal que anseia pela persistência de seu eu que ama o prazer ainda continuará mortal depois da morte, e apenas viverá outra vida com começo e fim, sem memória do passado ou conhecimento do futuro. O homem imortal desvencilhou-se do temporal, ascendeu àquele estado de consciência firme e invariável e não é afetado por eventos e sensações passageiras. Ele conhece os dois estados: o da insistência e o da imortalidade.

PENSAMENTO PARA A NOITE

Às vezes, falar é impulsivo, mas continuar falando é opção; é preciso frear a língua em certos momentos, mesmo tendo razão.

Eu controlo minha língua.

19 de setembro

PENSAMENTO PARA A MANHÃ

Ninguém entra na mesma água de um rio uma segunda vez, pois quando isso acontece já não se é o mesmo, assim como as águas já serão outras.

Meditação do dia

O homem mortal vive no estado de consciência temporal e mundano, que tem começo e fim.

O homem imortal continua firme e decidido sob todas as mudanças, e a morte do corpo não interromperá, de nenhuma forma, a consciência eterna na qual ele permanece. Costuma-se dizer que ele "não experimentará a morte", porque saiu do caminho da mortalidade e entrou na morada da verdade. Corpos, indivíduos, nações e terras passarão, mas a verdade não passará e sua glória não diminuirá com o tempo. O homem imortal é aquele que venceu a si mesmo, que não mais se identifica com as forças do egoísmo do eu, e as harmonizou com a energia causal e fonte de tudo.

PENSAMENTO PARA A NOITE

É difícil compreender, mas quem é dominado pelas emoções não consegue alcançar a razão nem ser prático facilmente.

Eu não me deixo levar pelas emoções.

PENSAMENTO PARA A MANHÃ

Não seja como os tolos, que estão satisfeitos com a própria ignorância, mas siga o exemplo dos sábios, que são humildes para sempre aprender.

Meditação do dia

A autossuperação é a aniquilação de tudo o que causa sofrimento.

A doutrina da superação e da aniquilação do eu é a simplicidade. De fato, é tão simples e prática que uma criança de cinco anos, cuja mente ainda não foi deformada por teorias, esquemas teológicos e filosofias especulativas, teria bem mais facilidade de entendê-la do que muitos adultos, que por terem preferido teorias complexas perderam o domínio de verdades simples e belas. A aniquilação do eu consiste em eliminar e destruir da alma todos esses elementos que levam a cisão, discórdia, sofrimento, doenças e tristeza; não significa destruir qualquer atributo bom, belo e promotor da paz.

PENSAMENTO PARA A NOITE

Reprimir as emoções é algo muito prejudicial. Guardar ressentimentos pode prejudicar a saúde e gerar sintomas tanto emocionais quanto físicos.

Controlar o eu é cultivar todos os atributos divinos. Eu controlo meu eu.

PENSAMENTO PARA A MANHÃ

Pobre não é o homem que tem pouco, mas o homem que anseia por mais. O limite para a riqueza é ter o que é necessário e suficiente.

Meditação do dia

Aquele que quer vencer o inimigo que o seduz precisa descobrir sua fortificação e esconderijo e descobrir também as portas desguarnecidas da própria fortaleza, em cuja entrada o inimigo chega com facilidade.

A tentação, com todos os tormentos associados, *pode* ser superada aqui e agora, mas só pode ser vencida com conhecimento. É uma situação da escuridão ou semiescuridão. A alma completamente iluminada resiste a qualquer tentação. Quando o homem entender completamente a origem, natureza e significado da tentação, ele a vencerá e descansará após seu longo esforço. Mas enquanto ele permanecer na ignorância, nem a observância religiosa diligente, nem muita oração e leitura das Escrituras conseguirão trazer-lhe a paz.

PENSAMENTO PARA A NOITE

Devemos ser sábios para vivenciar as experiências do melhor modo possível, livres para escolher e para viver com as consequências de nossos atos.

Eu analiso meus atos.

PENSAMENTO PARA A MANHÃ

Ser elogiado é ótimo, mas, às vezes, uma crítica pode ser boa para nos edificar. Devemos considerar quem discorda de nós.

Meditação do dia

Toda tentação procede do interior.

Ao viver focado em duas ilusões, ou seja, de que a causa de todas as tentações é exterior e de que é tentado por causa de sua bondade, o homem não alcançará a alegria espiritual nem o descanso. Enquanto for escravizado pelas ilusões, ele não progredirá. Liberto, terá sucesso. A fonte e a causa de toda tentação estão no *desejo interior*. Quando esse desejo for purificado e eliminado, os objetos e as forças externas serão absolutamente incapazes de induzir a alma ao pecado ou à tentação. O objeto externo é apenas a *ocasião* da tentação, *nunca a causa*, que está no desejo daquele que é tentado. As pessoas são tentadas porque há certos desejos ou estados da mente que elas acabam considerando profanos.

PENSAMENTO PARA A NOITE

Devemos ser conscientes de nossa pequenez diante do universo. Não somos superiores ao próximo; somente Deus está acima de todos nós.

Eu entendo que Deus está acima de nós.

23 de setembro

James Allen

PENSAMENTO PARA A MANHÃ

O conhecimento serve para encantar as pessoas, não para humilhá--las; assim, um sábio aconselha sem ofender e ensina sem desdenhar.

Meditação do dia

O bem no homem nunca é tentado.
A bondade destrói a tentação.

Apenas o mal que vive no homem é despertado e tentado. A medida de suas tentações é o registro exato da própria falta de santidade. Ao purificar seu coração, a tentação desaparece, pois o desejo proibido que habitava nele não existe mais, está morto e impotente. Mesmo que haja oportunidade, o homem honesto não será tentado a roubar. Quem purificou seus desejos nunca será tentado pela gula e pela embriaguez. Aquele cuja mente repousa na força da virtude interior não sucumbirá à raiva. As artimanhas e encantos da lascívia cairão sobre o seu coração puro como sombras vazias e sem sentido.

PENSAMENTO PARA A NOITE

A felicidade pertence aos que se bastam a si próprios, pois todas as fontes externas de felicidade são inseguras, precárias e passageiras.

Eu me basto.

PENSAMENTO PARA A MANHÃ

O sucesso do homem exige que sua mente e seu coração estejam aptos a ensinar o que sabem, a praticar o que ensinam e a perguntar o que ignoram.

Meditação do dia

A lei suprema é boa. O homem íntegro está acima do medo, do fracasso, da pobreza, da vergonha e da desgraça.

Aquele que por medo de perder seus prazeres ou seu conforto material atual nega a verdade dentro de si, pode ser ofendido, roubado, degradado e espezinhado, porque antes ele já havia feito o mesmo ao próprio eu mais nobre. Mas o homem de virtude inabalável, de integridade irrepreensível, não se sujeita a essas condições, porque ele negou o eu covarde dentro de si e se refugiou na verdade. Não é o açoite e as correntes que tornam o homem escravo, mas o fato de ele *ser* escravo.

PENSAMENTO PARA A NOITE

Aquilo que somos contribui mais para a felicidade do que aquilo que temos ou representamos. A bondade não acaba, a ostentação sim.

Eu busco a humildade, a compreensão e a generosidade.

25 de setembro

James Allen

PENSAMENTO PARA A MANHÃ

Reduzirmos as expectativas em relação aos nossos meios, sejam quais forem, é o caminho mais seguro para escaparmos de uma grande infelicidade.

Meditação do dia

O homem íntegro tira proveito de todo mal.

Que o homem íntegro se regozije e exulte quando for fortemente testado. Que possa agradecer a oportunidade que lhe foi dada de provar sua fidelidade aos nobres princípios compromissados. Em sua mente, agora é a hora da sagrada oportunidade; hoje é o dia do triunfo da verdade; embora possa perder o mundo inteiro, não abandonará o que é certo. Centrado, usará o bem contra o mal, sendo complacente com quem o pratica. O caluniador e o difamador podem parecer bem-sucedidos, mas a lei da justiça prevalece. O homem íntegro será invencível contra todas as armas do mal, não será subjugado pelas forças sombrias, pois já subjugou todas essas forças dentro de si.

PENSAMENTO PARA A NOITE

Nada poderá nos defender das flutuações da alma a não ser definir a ambição do crescimento, longe dos bens materiais, que afastam o homem da paz.

Eu me esforço para ter uma vida plena.

PENSAMENTO PARA A MANHÃ

O sentido de um sistema fechado está fora do homem. Sua existência só faz sentido se ele viver em sociedade e nela prosperar.

Meditação do dia

Sem discernimento, o homem é mentalmente cego.

A vida e a mente do homem devem estar livres da hesitação. Ele deve estar preparado para encarar cada dificuldade mental, material e espiritual, e não deve se deixar apanhar pelas intrincadas malhas da dúvida, da indecisão e da incerteza, quando surgem os problemas e as adversidades. Deve se fortalecer contra todas as dificuldades que podem atingi-lo. Mas sem o discernimento não se adquire essa prontidão e força mental em nenhum grau. O discernimento só se desenvolve se o pensamento analítico for posto em prática e exercitado constantemente.

PENSAMENTO PARA A NOITE

Vivemos na era da comunicação. Porém, não nos enganemos, a velocidade na comunicação pode trazer consigo a superficialidade. A mente, como os músculos, só se desenvolve se for utilizada. Utilize a mente para o bem.

Eu uso minha mente para o bem.

27 de setembro

James Allen

PENSAMENTO PARA A MANHÃ

São tantas as atividades que o tempo não é mais suficiente, o que gera angústia e ansiedade. É o momento da reflexão: o que me deixa pleno e realizado?

Meditação do dia

A dúvida, o sofrimento e a escuridão
espiritual acompanham o insensato.

Aquele que teme pensar profundamente sobre seus conceitos e refletir de forma crítica sobre sua posição, terá de desenvolver coragem moral antes de adquirir discernimento. O homem precisa ser fiel a si mesmo e corajoso antes de entender os princípios puros da verdade e receber dela sua luz reveladora. Ao ser questionada, mais brilhante ela se torna e não fica sujeita a exame e análise. O erro, quando confrontado, torna-se mais sombrio, não sobrevive à chegada de um pensamento puro e profundo. "Provar tudo" é buscar o bem e descartar o mal.

PENSAMENTO PARA A NOITE

A harmonia, a bem-aventurança e a luz da verdade acompanham o homem consciente. É preciso nos ocuparmos com nossas emoções, nossa vida, para não ter de lidar com as nossas emoções? Agitamos nossos dias para fugir de nós mesmos?

Eu procuro viver em harmonia com
os outros e comigo mesmo.

PENSAMENTO PARA A MANHÃ

Nenhum objetivo verdadeiro se concretizará rapidamente sem o uso e a orientação inteligente das forças da alma.

Meditação do dia

Crer é uma atitude da mente que determina todo curso da vida.

A crença é a base de toda ação; logo, a fé que domina o coração ou a mente também está presente na vida. Todo homem age, pensa e vive em perfeita consonância com a doutrina incutida em seu íntimo. A natureza matemática das leis que governam a mente é tal que é absolutamente impossível para qualquer pessoa acreditar em duas situações opostas ao mesmo tempo. A fé não crê em justiça e injustiça, em ódio e amor, em paz e discórdia, no eu e na verdade. O homem acredita em um ou outro desses opostos, *nunca em ambos*, e seu comportamento diário revela a natureza de sua crença.

PENSAMENTO PARA A NOITE

Aquele que raciocina e medita aprende a discernir. Aquele que tem discernimento descobre a verdade eterna. O discernimento e a conduta são inseparáveis, porque uma determina a outra.

Eu medito.

PENSAMENTO PARA A MANHÃ

As oportunidades para a fala e o silêncio são iguais, mas damos preferência à satisfação efêmera da fala em detrimento da utilidade duradoura que o silêncio traz.

Meditação do dia

Quando a justiça reina, toda injustiça
se torna fugaz e ilusória.

O homem que se indigna continuamente com a injustiça de seus semelhantes, que se considera maltratado ou que se lamenta sobre a falta de justiça do mundo que o cerca mostra por sua conduta, por sua atitude mental, que ele acredita na injustiça. Assim, se no fundo de seu coração ele tem certeza de que a hesitação e o caos dominam o universo, o resultado é que ele vive na desgraça e na inquietação, e sua conduta é defeituosa. Ao contrário, aquele que tem fé no amor, em sua estabilidade e poder, *pratica-o em todas as circunstâncias,* nunca se desvia dele, e oferece-o tanto aos amigos quanto aos inimigos.

PENSAMENTO PARA A NOITE

A persistência é fundamental na vida de um homem, uma vez que o importante é tentar, porque o conseguir será consequência disso. Aquele que acredita no sucesso, vence as dificuldades.

Eu sou persistente.

PENSAMENTO PARA A MANHÃ

A verdade não se concretiza em teorias complexas ou filosofias especulativas, mas na pureza interior e em uma vida sem pecado.

Meditação do dia

Todo pensamento, toda ação e todo hábito
são consequências diretas da crença.

As pessoas se redimem do erro porque creem na superioridade da verdade. Salvam-se do pecado porque creem na santidade ou na perfeição. Livram-se do mal porque acreditam no bem. Cada crença está presente em sua vida. Perguntar a alguém qual sua crença teológica não leva a nada, pois isso pouco ou nada importa. Por que o homem acredita que Jesus morreu por ele ou que Jesus é Deus, se ele continua a viver em sua natureza pecaminosa inferior? Saber como a pessoa está vivendo, comportando-se em situações de provação, é o bastante para mostrar se ela acredita no poder do bem ou do mal.

PENSAMENTO PARA A NOITE

Quando a nossa crença desaparece, não podemos mais nos apegar a ela nem praticá-la. Aquele que já possui o domínio do mundo espiritual jamais sofrerá a privação de sua fonte de felicidade; sua meta espiritual será a plenitude da alegria.

Eu creio.

Outubro

PENSAMENTO PARA A MANHÃ

Quanto mais claro é o conhecimento do homem, quanto mais inteligente é, mais angústia ele tem. O homem dotado de genialidade sofre mais que todos.

Meditação do dia

O homem só se apega àquilo em que acredita.
A crença sempre precede a ação, por isso as ações
e a vida do homem são o fruto de suas crenças.

Aquele que crê em tudo o que é bom e ama a bondade, viverá na bondade. Aquele que crê na impureza e no egoísmo, gosta desses comportamentos e a eles se apegará. As árvores são reconhecidas por seus frutos. A crença do homem em Deus, em Jesus e na Bíblia é uma coisa, a vida da pessoa atrelada às suas ações é outra. Por isso não importa a crença teológica, mas os pensamentos que ele elabora e sua atitude mental em relação ao próximo. Suas ações, e somente elas, determinam e demonstram se a crença que existe em seu coração se baseia na falsidade ou na verdade.

PENSAMENTO PARA A NOITE

O evangelho de Jesus é um evangelho de *vida e obras*. Se não fosse assim, ele não proclamaria a verdade eterna. Seu templo é a *conduta purificada*. O que você faz retorna para você. Por isso, pense antes de agir. Reflita antes de fazer.

Eu penso. Eu reflito.

2 de outubro

PENSAMENTO PARA A MANHÃ

O reino dos céus é o reino onde a confiança, o conhecimento e a paz são perfeitos. Nenhum desejo impuro pode profanar seu manto radiante.

Meditação do dia

Assim como o fruto está para a árvore e a água está para a fonte, a ação está para o pensamento.

Quando uma pessoa que todos acreditavam, inclusive ela, ter uma posição inabalável é fortemente tentada e, de repente, comete um pecado grave, esse pecado não é considerado nem repentino nem inconsequente, quando são revelados os pensamentos que levaram a ele. A *queda* é simplesmente o fim, o resultado do que começou na mente, tempos antes. A pessoa aceitou que um mau pensamento se formasse e, depois de crescer fortalecido, se aninhasse em seu coração. Depois de instalado, o mau pensamento adquiriu robustez e poder, culminando na ação cometida.

PENSAMENTO PARA A NOITE

A pessoa é a mente. Quanto mais ela usa a força do pensamento, bom ou mau, e modela o que deseja, mais surgem infinitas alegrias, infinitos males. Lembre-se de que todas as ações são o resultado natural dos pensamentos do indivíduo.

Eu mantenho meus pensamentos retos.

PENSAMENTO PARA A MANHÃ

Em qualquer situação, persiga seus propósitos com o coração destemido e tranquilo. O futuro lhe mostrará a necessidade de cada pensamento e esforço.

Meditação do dia

Vigie bem seus pensamentos, porque o que você realmente é hoje no íntimo de seus pensamentos se transformará em ações reais.

O que hoje é oculto, amanhã poderá ser revelado, e o pensamento elaborado em sua mente precisa finalmente desabrochar, de acordo com sua natureza, em ações boas ou más, por efeito da força motora do universo. O mestre divino e o sensualista são produtos dos próprios pensamentos, e existem por causa das sementes do pensamento que foram plantadas ou permitiram que fossem plantadas no jardim de seu coração e depois regadas e cuidadas. Que ninguém pense que o pecado e a tentação podem ser superados combatendo-se a oportunidade; isso só é possível com a purificação de seus pensamentos.

PENSAMENTO PARA A NOITE

Procure entender completamente sua missão e assuma-a. Ao seguir seu guia interior, caminhará a passos firmes até os degraus mais altos da serenidade.

Eu assumo minha missão na Terra.

4 de outubro

PENSAMENTO PARA A MANHÃ

Deus foi sensato ao criar o homem com uma boca, dois olhos e dois ouvidos. Ao observar mais e ouvir melhor, a boca será a passagem de sábias palavras.

Meditação do dia

Ao ser racional, sua atitude mental dominante determinará como será sua vida.

Seus pensamentos são fruto das suas intenções; logo, você é o criador de si e de sua vida. O pensamento é causal, criativo e transparece no caráter e na vida, na forma de *resultados*. Não existem acasos. Suas concordâncias e discordâncias são ecos que repercutem seus pensamentos. O homem pensa e sua vida acontece. Se sua atitude mental dominante for pacífica e louvável, a bem-aventurança e a felicidade o acompanharão. Se ela for relutante e odiosa, perturbações e sofrimento sombrearão seu caminho. Com o rancor, virá sofrimento e desgraça; com a benevolência, cura e reparação.

PENSAMENTO PARA A NOITE

Não basta aparentar humildade com roupas simples e semblante sóbrio. As ações refletirão seus pensamentos de modéstia e altruísmo.

Eu pratico a humildade.

PENSAMENTO PARA A MANHÃ

O homem deve ser o espelho do divino, com o coração transbordando de amor, pois o espírito do amor de Cristo põe fim não só ao pecado, mas também à cizânia.

Meditação do dia

*Dor, sofrimento, tristeza e miséria são
frutos cuja flor é a paixão.*

Onde a alma apegada à paixão vê somente injustiça, o homem bom, aquele que venceu a paixão, vê causa e efeito, vê a suprema justiça. Esse homem não pode pensar em ser tratado injustamente porque ele deixou de ver injustiças. Sabe que ninguém pode ofendê-lo ou enganá-lo, pois não se ofende nem se engana. Assim, se for atacado, por paixão ou ignorância, ele não será atingido, protegido por sua sabedoria. Por isso, ele vê o bem em tudo e se regozija por isso, ama seus inimigos, abençoa aqueles que o amaldiçoam e os vê como instrumentos sem corte, mas benéficos, que lhe permitem quitar suas dívidas morais com a lei suprema.

PENSAMENTO PARA A NOITE

Ao descartar o egoísmo, o coração do homem recupera sua alegria, que preenche o coração, antes vazio. O amor ao próximo sobejará na alma feliz. Justiça suprema e amor supremo são um só.

Eu descarto o egoísmo.

6 de outubro

PENSAMENTO PARA A MANHÃ

Os olhos do coração não enxergam o mal do mundo, pois estão voltados para a bondade, para a gentileza e para o amor ao próximo. Um dia seremos o próximo.

Meditação do dia

A história de uma nação é o resultado de suas ações.

O corpo é formado por células, a casa é construída com tijolos e a mente é constituída por pensamentos. As diferentes personalidades são constituídas por pensamentos combinados. Assim, faz sentido a declaração: "O homem é o que ele pensa em seu coração". As características individuais são *processos imutáveis do pensamento*, ou seja, tornam-se integrantes de seu caráter, exigindo disciplina e determinação para serem removidas ou alteradas. O caráter é como uma casa ou uma árvore, que necessita continuamente de material novo para se desenvolver, o *pensamento*. Constrói-se uma cidade com o auxílio de milhões de tijolos. Com a ajuda de milhões de pensamentos constrói-se o caráter, a mente.

PENSAMENTO PARA A NOITE

É preciso observar seus passos todos os dias. Colocar-se frente a frente com a verdade, chegar à sabedoria e à bem-aventurança depois de muito sofrer: este é o divino destino do homem.

Eu observo meus passos.

PENSAMENTO PARA A MANHÃ

Você escolhe seus pensamentos e ações, define seu estado de ânimo, pode ser o que quiser ser. Desejar a verdade e o amor ou a mentira e o ódio: essa escolha é sua. E o resultado da sua semeadura seria a colheita única e exclusivamente sua.

Meditação do dia

Todo homem é um construtor de mentes.

Os pensamentos puros, criteriosamente selecionados e bem elaborados, são tijolos tão duráveis que nunca desmoronarão, e que com eles se poderá erigir rapidamente uma construção completa e maravilhosa que proporcione conforto e abrigo a seus donos. Incentivar pensamentos de força, confiança, responsabilidade e inspirar pensamentos de uma vida longa, livre, ilimitada e abnegada, são tijolos valiosos com os quais se pode erguer um templo mental grandioso. Para a construção desse templo é preciso que antigos e inúteis hábitos de pensamento sejam eliminados e destruídos.

PENSAMENTO PARA A NOITE

Cada um é o arquiteto de si mesmo. A serenidade e a paciência podem se tornar habituais; basta agarrar-se a pensamentos serenos e pacientes e vivê-los plenamente.

Eu sou o arquiteto da minha vida.

8 de outubro

PENSAMENTO PARA A MANHÃ

O amor não é só relacionamento, esse é o estado mais raso dele. O amor é um estado de ser. A proposta de Jesus era o amor, Ele era esse estado de ser.

Meditação do dia

Construa como um verdadeiro pedreiro.

O homem deve construir uma vida bem-sucedida, sólida e exemplar. Para que resista às tormentas mais violentas da adversidade e da tentação, ela precisa estruturar-se sobre princípios morais simples e inabaláveis, como: *justiça, integridade, sinceridade* e *bondade*. Tais valores éticos são para a construção da vida como o adubo é para o crescimento da flor. Se o homem as ignorar e quiser ter sucesso e felicidade praticando injustiça, falsidade e egoísmo, ele será como o jardineiro que pensa em colher centenas de flores com adubo podre. No final, ele só obterá decepção e fracasso.

PENSAMENTO PARA A NOITE

Se a cada momento efêmero eu me agarrar ao amor, à pureza e à paciência, e não me desviar da retidão, finalmente conquistarei a terra da imortalidade.

Eu trabalho em harmonia com as leis fundamentais do universo.

*Meditação e pensamentos
para cada dia do ano*

9 de outubro

PENSAMENTO PARA A MANHÃ

A paz de espírito é uma das joias mais belas da sabedoria. Uma pessoa torna-se serena à medida que se percebe um ser de pensamento evoluído.

Meditação do dia

É um erro comum supor que as pequenas coisas são desprezíveis e que somente as grandes são importantes.

Aquele que adota os quatro princípios éticos como lei e alicerce de sua vida – *justiça, integridade, sinceridade* e *bondade* –, que ergue sobre eles o edifício do caráter, que em seus pensamentos, palavras e ações não se afasta deles, que executa cada obrigação e cada ação passageira em absoluta conformidade com suas exigências, ao estabelecer as fundações veladas da integridade do coração de forma segura e forte, tem a obrigação de erguer uma estrutura que possa honrá-lo. Porque ele está construindo um templo onde poderá descansar na paz e na bem-aventurança, o templo da sua vida. Para viver de forma segura e abençoada é preciso praticar os princípios morais em cada detalhe da vida.

PENSAMENTO PARA A NOITE

São as forças do pensamento silencioso e vitorioso que fazem tudo se manifestar. O universo evoluiu com base no pensamento, e dele nasce o sábio. Ao nascer o sábio, nasce o bom e o bem.

Eu tenho pensamentos vitoriosos.

PENSAMENTO PARA A MANHÃ

Antes de negar o mal, é preciso elevar-se e entendê-lo. Não basta reiterar mentalmente o bem. É preciso, com esforço, penetrar nele e compreendê-lo.

Meditação do dia

Quando a aspiração e a concentração se unem, o resultado é a meditação.

Quando o homem deseja intensamente alcançar uma vida mais elevada, pura e radiante do que uma existência meramente mundana, baseada no prazer, e a ela se dedicar, ele se envolve na *aspiração*, e quando concentra fervorosamente seus pensamentos em busca dessa vida, pratica a meditação. Sem uma intensa aspiração não há meditação. A letargia e a indiferença são fatais para sua prática. Quanto mais forte a natureza do homem, mais rapidamente ele chegará à meditação. Se suas aspirações se tornarem despertas, uma natureza impetuosa escalará as alturas da verdade na meditação. A meditação é necessária para o sucesso espiritual.

PENSAMENTO PARA A NOITE

Quanto mais o homem tem sede de riqueza, mais se considerará pobre; nesse sentido ele é pobre porque a ganância é a pobreza da mente.

Eu luto contra a ganância.

PENSAMENTO PARA A MANHÃ

Não se deve permitir que o ódio tome conta de nós, pois aquilo que se odeia não se despreza suficientemente. O desprezo é o antídoto contra o ódio.

Meditação do dia

Quando o homem aspira conhecer e entender a verdade, ele se preocupa com sua conduta e com a autopurificação.

Pela concentração, o homem pode atingir os mais altos níveis da genialidade, mas não pode atingir as alturas celestiais da verdade. Para isso, ele precisa meditar. Pela concentração, o homem pode adquirir o enorme poder de César. Pela meditação, ele pode alcançar a sabedoria e a paz de Buda. A perfeição da concentração é *poder*. A perfeição da meditação é *sabedoria*. Pela concentração o homem adquire habilidade *para a vida*, mas pela meditação ele adquire a habilidade *na própria vida*. Os santos, homens sábios e mestres divinos são exemplos da sagrada meditação.

PENSAMENTO PARA A NOITE

Cuidado ao ouvir falar dos defeitos de outros. Quando Pedro vem falar de Paulo, fico sabendo mais de Pedro do que de Paulo. Acima de tudo, ame a verdade tão intensa e completamente a ponto de ser totalmente absorvido por ela.

Eu vivo uma vida de simplicidade, amor e abundância.

12 de outubro

PENSAMENTO PARA A MANHÃ

Aquele que começa correto e continua correto não precisa desejar e procurar resultados auspiciosos. Eles já estão próximos. São apenas consequências.

Meditação do dia

O objetivo da meditação é a iluminação divina.

Mesmo quando o tempo dedicado à meditação é menor, o conhecimento de intensa aspiração e concentração de pensamento obtido é incorporado na rotina do dia. Assim, na meditação, a vida inteira do homem está envolvida. À medida que ele progride na prática, torna-se capaz de enfrentar as responsabilidades da vida, para se tornar mais forte, mais santo, mais sereno e mais sábio. O princípio da meditação tem dois aspectos: a purificação do coração pelo pensamento repetitivo de coisas puras e a obtenção do conhecimento divino pela incorporação dessa pureza na vida prática.

PENSAMENTO PARA A NOITE

O homem é um ser racional, e sua vida e caráter são determinados pelos pensamentos que ele habitualmente elabora. À primeira vista, pode parecer fácil para o homem, mas quem é dominado pelas emoções não consegue alcançar a razão nem ser prático facilmente.

Sou dominado pelos bons pensamentos.

PENSAMENTO PARA A MANHÃ

O homem que teme a morte é como a criança que teme o escuro, e esse temor é potencializado pelas histórias que lhes são contadas.

Meditação do dia

Pela prática, organização e hábito, os pensamentos tendem a se repetir.

Pela elaboração diária de pensamentos puros, aquele que medita adquire o hábito e a iluminação de pensamento, levando a ações puras e deveres bem executados. A repetição incessante de pensamentos puros funde-se no homem, tornando-o um ser purificado, manifestando sua consecução em ações puras de uma vida serena e sábia. A maioria dos homens sente desejos, paixões, emoções e especulações conflituosas, em que há inquietação, incerteza e tristeza, que ao treinar a mente aos poucos assume o controle de seus conflitos internos e foca seus pensamentos em um princípio central.

PENSAMENTO PARA A NOITE

É muito importante aprender com a morte, mesmo que esse recurso só possa ser usado uma vez. É preciso aprender aquilo que não temos como testar que sabemos.

Eu organizo meus pensamentos.

14 de outubro

James Allen

PENSAMENTO PARA A MANHÃ

O caminho da felicidade somente pode ser trilhado, passo a passo, por aquele que já percorreu o caminho do sofrimento. Não há alegria sem tristeza.

Meditação do dia

O egoísmo, a raiz da árvore do mal e de todo sofrimento, tira seu sustento do solo sombrio da ignorância.

O rico e o pobre sofrem, embora por motivos diferentes, por causa do *próprio egoísmo*; ninguém escapa. Os ricos perdem continuamente sua riqueza, e os pobres tentam conquistá-la. O medo é a grande sombra que persegue os homens, pois aquele que conquista e conserva seus bens materiais pela força do egoísmo será sempre assombrado por um sentimento de insegurança e teme perdê-los. O pobre, que busca egoisticamente ou cobiça bens materiais, será perseguido pelo medo da privação. Ao viverem nesse submundo de luta, ficam à sombra de um medo maior, o da morte.

PENSAMENTO PARA A NOITE

As virtudes elevadas somente podem ser manifestadas por quem atingiu a suprema sabedoria e renunciou à sua natureza passional e egoísta.

Eu trabalho para sempre afastar de mim o egoísmo.

PENSAMENTO PARA A MANHÃ

Se encontrar um homem que tenha fé, não é necessário nenhuma explicação. Para o homem que não tem fé, nenhuma explicação é possível.

Meditação do dia

O espírito é fortalecido e renovado quando se medita sobre temas espirituais.

O homem atravessa três Portais de Renúncia: a *Renúncia do Desejo*, a *Renúncia da Opinião* e a *Renúncia do Eu*. Ao iniciar a prática da meditação, ele começa a examinar seus desejos, a delineá-los em sua mente e a acompanhar seus efeitos em sua vida e caráter. Ele logo percebe que se não renunciar ao desejo continuará escravo de si mesmo, do ambiente e das circunstâncias. Quando descobre isso, ele cruza o primeiro portal, o da *Renúncia do Desejo*. Ao atravessar esse portal, ele inicia um processo de autodisciplina, que é o primeiro passo para a purificação da alma.

PENSAMENTO PARA A NOITE

A luz da fé precisa ser continuamente alimentada e assiduamente podada. A paz e a bondade que Jesus representa podem não ter valor e serem incompreensíveis para você, a menos que estejam dentro de você.

Eu alimento a minha fé.

PENSAMENTO PARA A MANHÃ

Aquele que ama plenamente a perfeição do outro não se conformará com a própria imperfeição e transformará sua alma para se assemelhar ao outro.

Meditação do dia

Para aqueles cuja mente está focada na conquista do eu,
a perda de hoje será somada ao ganho de amanhã.

Que o homem prossiga corajosamente, sem atacar nem ofender os amigos externos e sem reclamar de seus inimigos internos. Que prossiga corajosamente aspirando, procurando, lutando sempre pelo seu ideal com o olhar do amor sagrado, libertando sua mente de objetivos egoístas, e seu coração, de desejos impuros, às vezes caindo, mas sempre seguindo adiante e elevando-se cada vez mais. Que todas as noites, com o coração em paz, não se desespere, apesar de todos os fracassos e quedas, que se lembre sem dor da batalha santa travada ou da vitória silenciosa não conquistadas.

PENSAMENTO PARA A NOITE

Aprenda a distinguir entre o real e o irreal, entre a sombra e a essência. Pela superação contínua do eu, o homem conhece os meandros sutis de sua mente. Esse conhecimento divino permite-lhe consolidar a sua serenidade.

Eu almejo a serenidade.

PENSAMENTO PARA A MANHÃ

Aqueles que gozam da paz do reino do amor não buscam a felicidade em bens externos: estão livres de ansiedade e preocupações.

Meditação do dia

Assuma a posse inestimável do discernimento espiritual.

Ao vestir sua alma com a túnica transparente da humildade, o homem concentra todas as suas energias na erradicação das opiniões que costumava apreciar e valorizar. Agora sabe distinguir entre a verdade, única e imutável, e as *meras opiniões* sobre ela, que são várias e mutáveis. Ele percebe que suas ideias sobre bondade, pureza, compaixão e amor são bem diferentes dos atributos, e que precisa embasar-se nesses princípios divinos e não nas próprias opiniões. Ele valorizou muito suas opiniões, mas agora deixa de exaltá-las e de defendê-las, pois percebe que elas são completamente inúteis.

PENSAMENTO PARA A NOITE

Permaneça firme nos princípios divinos da pureza, da sabedoria, da compaixão e do amor. A ansiedade é uma angústia do futuro, e sua vida é o presente. Volte-se para os bons pensamentos e as boas ações.

**Eu reexamino todos os dias
o meu comportamento.**

18 de outubro

James Allen

PENSAMENTO PARA A MANHÃ

Podemos tudo, mas nem tudo que desejamos nos trará felicidade. É importante separar as coisas de modo sábio e vivenciar cada uma de nossas experiências.

Meditação do dia

Encontre o centro divino dentro de você.

Que aquele que decide não se satisfazer com as aparências, sombras e ilusões possa, à luz penetrante dessa determinação, dispersar toda fantasia efêmera e entrar na substancialidade e realidade da vida. Ele aprenderá como viver, e viverá. Que ele não seja escravo de nenhuma paixão, servo de nenhuma opinião, devoto de nenhum erro tolo. Ao encontrar o centro divino dentro de seu coração, que ele possa ser puro, sereno, forte e sábio e irradiar incansavelmente a vida celestial na qual vive – que é ele mesmo.

PENSAMENTO PARA A NOITE

Quando desapegar-se de si mesmo e colocar-se a serviço do próximo, verá que a felicidade virá na mesma proporção e você colherá os frutos da bem-aventurança.

Eu me desapego de mim.

PENSAMENTO PARA A MANHÃ

Diante de injúrias, cale-se e mantenha o autocontrole; o malfeitor não poderá magoá-lo se lhe responder com compaixão.

Meditação do dia

Quando o homem se abriga no refúgio divino interior, e lá permanece, ele se livra do pecado. Nenhuma dúvida abalará sua confiança, nenhuma incerteza roubará sua paz.

Os homens se afeiçoam aos seus desejos porque o prazer parece lhes agradar, mas o fim é a dor e o vazio. Eles se apegam aos argumentos do intelecto porque o egoísmo lhes parece mais desejável, mas os frutos que colhem são a humilhação e a tristeza. Quando a alma chega ao fim da satisfação e colhe os frutos amargos do egoísmo, ela está pronta para receber a sabedoria divina e entrar na vida divina. Somente o Crucificado pode ser transfigurado. Apenas pela morte do eu poderá o Senhor do coração se elevar novamente até a imortalidade e firmar-se radiante no Monte das Oliveiras da sabedoria. Quando o eu é eliminado, surge o jardim da vida celestial.

PENSAMENTO PARA A NOITE

A plenitude da paz é atingida, totalmente possuída, quando os desejos egoístas são abandonados. Então haverá alegria e bem-aventurança plena, paz e conforto plenos.

Eu caminho todos os dias em direção à paz.

20 de outubro

PENSAMENTO PARA A MANHÃ

Os filhos do reino celestial oferecem o mesmo espírito amável tanto a quem se opõe a eles ou os atacam como a quem concorda com eles e lhes é fiel.

Meditação do dia

A vida é mais que movimento, é música.
É mais que repouso, é paz. É mais que prazer,
é dever. É mais que trabalho árduo, é amor.

Se os impuros se voltarem para a pureza, serão puros. Os fracos que recorrerem à força serão fortes. Se os ignorantes buscarem avidamente o conhecimento, serão sábios. O homem tudo possui e faz suas opções. Hoje ele escolhe a ignorância, amanhã será a sabedoria. Ele pode "preparar a própria salvação", quer acredite nela ou não, porque ele não pode fugir nem transferir a outros a responsabilidade sobre a própria alma. Não enganará a sua lei, que destruirá seu egoísmo passageiro para pensar e agir corretamente. Deus não fará por ele o que a alma deve cumprir por si mesma.

PENSAMENTO PARA A NOITE

A vida é mais que alegria, é bem-aventurança. Aquele que já possui o domínio do mundo espiritual nunca será privado de sua fonte de felicidade. Seu fim espiritual será a plenitude da alegria.

Eu vivo a vida com leveza.

PENSAMENTO PARA A MANHÃ

No reino do amor não há discórdia nem egoísmo, apenas perfeita harmonia e equilíbrio. Aqueles que ali vivem, têm todas as suas necessidades supridas.

Meditação do dia

Que aquele que deseja encontrar a bem-aventurança encontre antes a si mesmo.

Os homens mudam de credo e não encontram a paz. Percorrem terras sem fim para se decepcionarem. Constroem mansões e plantam jardins maravilhosos, mas só colhem tédio e inquietação. Enquanto não encontrarem a verdade dentro de si, não encontrarão paz nem júbilo. Enquanto não construírem sua mansão interior de conduta irrepreensível, não encontrarão a alegria infinita e incorruptível. Ao conseguir tudo isso, fundirão esses dons às suas ações e bens. Impotentes para carregar o peso de seus pecados, que recorram ao Cristo, cujo trono está no centro de seu coração. O coração espiritual do homem é o coração do universo.

PENSAMENTO PARA A NOITE

Da mesma forma que o eu é a principal causa da discórdia e do sofrimento, o amor é a principal causa da paz e da bem-aventurança. Viva o amor, não o egoísmo.

Eu vivo o amor.

PENSAMENTO PARA A MANHÃ

O homem é da mesma natureza do amor. Isso ele só perceberá se renunciar aos elementos impuros e pessoais que vem seguindo cegamente.

Meditação do dia

Todo poder, toda possibilidade, toda ação ocorrem hoje.

Ao pensar sempre no passado ou no futuro, o homem perde o presente. Tudo é possível hoje e *somente* hoje. Sem a sabedoria para guiá-lo e confuso entre o irreal e o real, ele afirma que se tivesse feito diferente na semana passada, no mês passado ou no ano passado teria sido melhor para ele hoje, ou que sabe o que deve fazer e o fará amanhã. O egoísta não compreende o enorme valor do presente, pois a verdadeira realidade do passado e do futuro são reflexos vazios. Pode-se dizer que passado e futuro só existem como sombras negativas, e viver nelas é ignorar a realidade da vida.

PENSAMENTO PARA A NOITE

Deixar o arrependimento de lado, refrear a expectativa, trabalhar e realizar hoje, isso é sabedoria. As paixões e sentimentos exacerbados cegam como um manto negro os caminhos do homem que ainda não descobriu a serenidade do amor.

Eu caminho pelas avenidas do amor.

PENSAMENTO PARA A MANHÃ

Se você não se aperfeiçoar no conhecimento, faça-o no amor. Se não atingir a perfeição, cultive, incansável, um coração amoroso e compassivo.

Meditação do dia

A virtude consiste em combater o pecado diuturnamente.

Deixe de seguir os atalhos da dependência, os desvios laterais que tentam levar sua alma para a terra das sombras do passado e do futuro e manifeste sua força natural e divina *hoje*. Siga pelo "caminho aberto". Busque hoje tudo o que você quer e espera ser. Não realizar significa o adiamento contínuo. Mas ao poder adiar você também pode realizar continuamente. Se entender essa verdade, poderá ser hoje e depois o ser ideal que sempre sonhou. Aja hoje, e então, de repente, tudo acontece. Viva hoje e contemple. Você está no meio da abundância. *Seja hoje e saiba* que é perfeito.

PENSAMENTO PARA A NOITE

As vitórias consistentes e alcançadas com muito esforço deixam para trás um aprendizado abastado de frustrações, mas coroado pela sabedoria.

**Eu acredito em minhas realizações
e trabalho para elas.**

24 de outubro

James Allen

PENSAMENTO PARA A MANHÃ

Quando o homem bom descobre a verdadeira vida, ele se entrega incondicionalmente ao espírito do amor e vive o amor em relação a tudo.

Meditação do dia

Não diga para sua alma: "Você será mais pura amanhã"; é melhor dizer: "Você será pura hoje".

Amanhã é tarde demais para tudo, e aquele que só vê ajuda e salvação no amanhã continuará fracassando e pecando hoje. Se fraquejou gravemente ontem, abandone o pecado para sempre e vigie para não o fazer hoje. O tolo, que prefere o caminho pantanoso da procrastinação à estrada firme do esforço atual, afirma: "Amanhã vou levantar-me cedo e pagarei minha dívida; cumprirei meus desígnios amanhã". Mas o sagaz levanta-se cedo, quita suas dívidas e cumpre suas metas hoje, para nunca se afastar da força e da paz e sempre colher realizações. Você não pode elevar sua alma lamentando o passado irremediável, mas remediando o presente.

PENSAMENTO PARA A NOITE

Para ser poderoso, o silêncio precisa envolver completamente a mente, precisa penetrar em cada canto do coração e precisa ser o silêncio da paz.

Eu vivo o silêncio da paz.

PENSAMENTO PARA A MANHÃ

Somente aquele que deixou de confiar em seu eu perecível e aprendeu a confiar na lei maior está preparado para participar da glória eterna.

Meditação do dia

Ao olhar para trás, para um início feliz, e para a frente, para um fim doloroso, os olhos do homem são ofuscados para que ele não contemple a própria imortalidade.

É sábio abandonar o que ainda não chegou e participar do presente, e participar com essa consagração de alma e concentração de esforço, de modo que não fique nenhuma brecha para o arrependimento se infiltrar. Quando a compreensão espiritual do homem é nublada pela ilusão do eu, ele afirma: "Nasci em tal dia e deverei morrer no tempo estipulado". Mas ele não nasceu nem morrerá. Como pode estar sujeito ao nascimento e à morte quem é imortal e vive eternamente? Se ele abandonar suas ilusões, verá que o nascer e o morrer do *corpo* são meros incidentes da jornada, e não seu começo e fim.

PENSAMENTO PARA A NOITE

Os homens formulam dogmas perecíveis, que chamam de verdade. Mas esta não pode ser formulada. Ela é indescritível e está além do alcance da mente.

Eu não crio dogmas.

PENSAMENTO PARA A MANHÃ

A escuridão só desaparece quando surge a luz; assim também a ignorância só se dissipa pelo conhecimento, e o egoísmo pelo amor.

Meditação do dia

O homem que se livrar do egoísmo verá o universo em todo o esplendor de sua simplicidade intocada.

Que a vida não seja vivida como uma peça fragmentada, mas sim como um todo perfeito. A simplicidade do perfeito se revelará. O fragmento pode conter o todo? É muito mais fácil entender que o todo pode conter o fragmento. O pecado consegue perceber a santidade? É muito mais simples entender que a santidade pode compreender o pecado. O círculo não está contido em nenhuma forma, mas todas as formas estão contidas nele. A luz não está aprisionada em nenhuma cor, mas todas as cores estão contidas nela. Ao destruir todas as formas do eu, será atingido o círculo da perfeição.Quando o homem consegue esquecer, anular, completamente seu eu, torna-se um espelho que reflete perfeitamente a realidade universal.

PENSAMENTO PARA A NOITE

Para o homem forte, os fracassos são os degraus da escada do sucesso, porque ele tem consciência de que a realização final é certa.

Eu caminho pela escada do sucesso.

PENSAMENTO PARA A MANHÃ

O homem que não se questiona, que não tem dúvidas, não é capaz de inovar, apenas de repetir, não tem interesse em aprender, apenas em mandar.

Meditação do dia

No perfeito acorde da música, uma única nota, mesmo esquecida, está indispensavelmente contida, e a gota de água torna-se de extrema utilidade ao se perder no oceano.

Pense compassivo no coração da humanidade, e assim reproduzirá a harmonia celestial. Ame o próximo com amor ilimitado, e assim realizará obras duradouras e poderá se unir ao eterno oceano da bem-aventurança. O homem evolui externamente para a periferia da complexidade e depois retrocede, involuindo para a simplicidade central. Quando o homem descobre que é matematicamente impossível conhecer o universo antes de conhecer a si mesmo, começa a percorrer o caminho que leva à simplicidade original. Começa a se revelar a partir do interior e depois abraça o universo. Pare de especular sobre Deus e encontre o bem abrangente que existe em você.

PENSAMENTO PARA A NOITE

Os poderosos têm medo do pensamento, pois o poder é mais forte se ninguém pensar e se todos aceitarem as coisas como dizem que elas são.

Eu reflito.

28 de outubro

PENSAMENTO PARA A MANHÃ

As expectativas são as amigas da frustração. Para não haver expectativas, exija mais de você e anseie menos dos outros. Isso evitará aborrecimentos.

Meditação do dia

O homem puro se reconhece como um ser puro.

Aquele que não abdica da luxúria secreta, da cobiça, da raiva, da opinião sobre isso ou aquilo, não percebe nem conhece nada. Ele continuará sendo ignorante na escola da sabedoria, embora possa ser considerado douto nas universidades. Se o homem quiser encontrar a chave do conhecimento, precisará antes encontrar a si mesmo. Seus pecados não são seus. Eles não fazem parte de você, eles são doenças que você adquiriu e dos quais passou a gostar. Deixe que eles desapareçam, e você se revelará e se reconhecerá como a visão completa, o princípio invencível, a vida imortal e o eterno bem. A pureza é extremamente simples, e não é necessário nenhum argumento para sustentá-la.

PENSAMENTO PARA A NOITE

Toda reforma interior e toda mudança para melhor dependem basicamente da aplicação do próprio esforço e compreensão da vida.

*Eu me esforço para compreender
a vida e seus acontecimentos.*

Meditação e pensamentos para cada dia do ano

29 de outubro

PENSAMENTO PARA A MANHÃ

Todas as áreas de nossa vida exigem atenção e cuidado. Parece que o tempo não é mais suficiente, e isso gera ansiedade. Mas o que realmente importa?

Meditação do dia

A verdade vive de si mesma.

Mansidão, paciência, amor, compaixão e sabedoria são atributos dominantes da simplicidade original. O imperfeito não é capaz de entendê-los. A sabedoria só compreende a sabedoria; assim, o tolo afirma: "Ninguém é sábio". O homem imperfeito declara: "Ninguém é perfeito", por isso ele permanece onde está. Apesar de viver a vida toda como um homem perfeito, ele não perceberá sua imperfeição. A mansidão, ele chamará de covardia. A paciência, o amor e a compaixão ele verá como fraqueza. A sabedoria lhe parecerá tolice. A discriminação irrepreensível só cabe ao todo perfeito, por isso os homens são levados a evitar juízos até manifestarem a vida perfeita. A vida íntegra é a única testemunha da verdade.

PENSAMENTO PARA A NOITE

A segunda vida começa quando a pessoa percebe que o cronômetro da vida passou de uma contagem progressiva para uma contagem regressiva.

Eu vivo todos os dias um novo aprendizado.

PENSAMENTO PARA A MANHÃ

O navio que singra os mares não deve confiar em uma pequena âncora, assim como a vida não deve descansar em uma única esperança.

Meditação do dia

Aquele que encontrou a realidade permanente do próprio ser encontrou a realidade original e universal.

Se você entrar no coração divino, conhecerá todos os corações. O pensamento do homem pertence àquele que dominou seus pensamentos. Tal qual a complexidade transcende a ignorância, a bondade pura transcende o problemático. Por isso o homem bom é chamado de "exterminador de ilusões". Não há transgressão onde não há pecado. Retire-se para o silêncio sagrado do próprio ser, viva e encontrará a bondade pura, rasgará o véu do templo da ilusão e viverá na paciência, na paz e na glória além do perfeito, pois a bondade pura e a simplicidade original são uma coisa só.

PENSAMENTO PARA A NOITE

Tão extremamente simples é a simplicidade original que o homem precisa se desprender de tudo antes de entendê-la. Toda limitação, até mesmo a intelectual, é favorável à nossa felicidade. Pois quanto menos estímulo para a vontade, tanto menos sofrimento.

Eu abraço a simplicidade.

PENSAMENTO PARA A MANHÃ

Nada mais libertador do que pensar por si mesmo e libertar os outros para que aproveitem o direito de fazer o mesmo.

Meditação do dia

Grande será a dor e a inquietação daquele que dá muita importância à aprovação dos outros.

Sabedoria infalível é desprender-se de tudo o que é exterior e descansar com segurança na virtude interior. Se tiver essa sabedoria, o homem será o mesmo na riqueza ou na pobreza. A riqueza não pode contaminar aquele que se livrou de toda impureza interior, nem sua falta destruirá quem parou de degradar o templo de sua alma. Sabedoria é recusar ser escravizado por qualquer pessoa, objeto ou acontecimento externo e aproveitar todos eles para o próprio uso e aprendizado. Para os sábios, todas as ocorrências são *boas*, e, por não verem o mal, eles se tornam cada vez mais sábios.

PENSAMENTO PARA A NOITE

Amar onde não se é amado. Esta é a força que nunca decepcionará o homem. Cada um deve ser e proporcionar a si o melhor e o máximo, pois encontrará em si mesmo as fontes de seus deleites, será independente e mais feliz.

Eu amo.

Novembro

PENSAMENTO PARA A MANHÃ

Um dia após o outro, com boa vontade, renúncias e sacrifícios, o homem progredirá nas tentativas de ser uma pessoa melhor, para si e para o próximo.

Meditação do dia

O sábio está sempre ansioso em aprender, mas nunca a ensinar.

O homem encontrará em si mesmo e na obediência, na submissão e na vontade de aprender toda força, sabedoria, poder e conhecimento. Obedecerá ao superior sem menosprezar o inferior. O egoísta que rejeita críticas, aprendizado e conhecimento certamente pecará. Palavras de um grande professor: "Aqueles que forem uma luz para si, que dependerem somente de si mesmos, que acreditarem na verdade como seu guia e procurarem nela sua salvação, não precisam da ajuda externa. Se forem meus discípulos, encontrarão a sabedoria". *Mas precisam estar dispostos a aprender.* O verdadeiro mestre está no coração de cada um.

PENSAMENTO PARA A NOITE

Quanto mais ele elevar seus pensamentos, mais valoroso, íntegro e justo se tornará, maior será seu sucesso e duradouras serão suas conquistas.

Eu elevo meus pensamentos.

2 de novembro

PENSAMENTO PARA A MANHÃ

A porta de entrada do templo é a *autorrenúncia*. Ela exorta o homem a se afastar do pecado. Em troca, promete júbilo, glória e paz perfeita.

Meditação do dia

Dispersão é fraqueza. Concentração é força.

Os objetos são úteis e os pensamentos são poderosos se manuseados de forma firme e inteligente. Propósito é o pensamento concentrado. Todas as energias mentais são direcionadas para um objetivo, e, se surgirem obstáculos entre o pensador e o objetivo, serão derrubados e superados um a um. O propósito é a fundação do templo da realização, que concentra em um todo completo o que poderia estar espalhado e ser inútil. Caprichos, fantasias, desejos vagos e resoluções tímidas não cabem no propósito. Na contínua determinação para atingi-lo, há um poder invencível que encontrará a vitória. Todas as pessoas bem-sucedidas são pessoas determinadas.

PENSAMENTO PARA A NOITE

O templo do divino está no último degrau da escada que leva a Deus. Por seu portal, nenhum pecado ou pensamento autoconcebido pode atravessar.

Todos os dias, eu me elevo para subir a escada que leva a Deus.

Meditação e pensamentos
para cada dia do ano

3 de novembro

PENSAMENTO PARA A MANHÃ

O mundo de felicidade preenche todo o universo e está dentro de você, esperando que o encontre; identifique-o e aposse-se dele.

Meditação do dia

Saiba que você tem o poder de construir-se e de destruir-se.

Dúvida, ansiedade e agonia são sombras imateriais no submundo do eu, que não devem perturbar aquele que atingirá as altitudes serenas de sua alma. O sofrimento será afastado para sempre daquele que compreender a lei de seu ser, que encontrará a lei suprema da vida e descobrirá o amor imperecível. A ele se unirá e amará com a mente livre de todo ódio e estupidez, pois receberá a invencível proteção que o amor proporciona. Ao não reivindicar, não sofrerá perdas, não buscará o prazer e não viverá sofrimentos. Usando seus poderes, viverá no limite da bem-aventurança e da felicidade.

PENSAMENTO PARA A NOITE

A autopurificação lhe permitirá gozar de saúde, e o autodomínio lhe dará força. Tudo o que realizar prosperará, pois estará mais próximo de Deus.

Eu me envolvo com a força de Deus.

4 de novembro — *James Allen*

PENSAMENTO PARA A MANHÃ

O que leva o homem a renunciar à riqueza, à luxúria e ao egoísmo? Certamente ele sente falta de algo que não consegue explicar, quer ter fé.

Meditação do dia

Aquele que encontrou a humildade encontrou a divindade.

A montanha não se curva à tempestade furiosa, mas protege passarinhos e cordeiros. Os homens sobem por suas encostas e por elas são protegidos e acolhidos. Assim é com o humilde, que, sem ser perturbado, curva-se para proteger a menor criatura e, mesmo menosprezado, anima e amorosamente protege todos os homens. Da mesma forma que a montanha em seu poderoso silêncio é o homem divino em sua humildade silenciosa; sua compaixão amorosa é abrangente e sublime. Seu corpo, como a base da montanha, está encravado nos vales, na névoa, e o topo de seu ser está banhado na glória sem nuvens.

PENSAMENTO PARA A NOITE

A alegria invade e preenche seu coração vazio. Ela permanece com quem está em paz. Reina entre os puros, pois a eles pertence depois de muita dor.

Meu coração vive cheio de alegria.

PENSAMENTO PARA A MANHÃ

É aconselhável aproveitar os momentos de serenidade para aprimorar o conhecimento de si mesmo e julgar o outro de forma mais generosa.

Meditação do dia

Aquele que vive na humildade nada teme,
conhece o Altíssimo e subjuga o inferior.

O humilde brilha na escuridão e floresce na obscuridade. A humildade não se gaba, não faz propaganda de si nem cresce em popularidade, apenas é *praticada*. Sendo um atributo espiritual, ela é percebida apenas aos olhos do espírito. Não a vê quem não está espiritualmente vigilante, nem a ama, porque está deslumbrado e cego pela ostentação e pelas aparências materiais. Nem a história toma conhecimento do homem humilde, que narra apenas os atos humanos e não os celestiais. Apesar de viver na escuridão, não pode ser ocultado, ele continua a brilhar depois de ter se retirado do mundo. Só se conhece o humilde na hora do julgamento; quando os outros sucumbem, ele se mantém de pé.

PENSAMENTO PARA A NOITE

Quanto mais você insiste em procurar egoisticamente sua felicidade pessoal, mais a felicidade escapará e você semeará desventura.

Eu aceito a felicidade com pureza.

6 de novembro

James Allen

PENSAMENTO PARA A MANHÃ

O coração puro não vê o mal, e somente quando o homem conseguir não ver o mal nos outros, não julgar ninguém, estará livre do pecado, do sofrimento e da tristeza.

Meditação do dia

O humilde não reage a nada e assim conquista tudo.

Aquele que acredita que pode ser prejudicado pelos outros e que procura justificar e se defender deles não entende a humildade, não compreende a essência e o significado da vida. "Ele me maltratou, ele bateu em mim, ele me derrotou, ele me roubou." Naqueles que abrigam esses pensamentos o ódio nunca deixará de existir, porque não se combate o ódio com o ódio. Só o amor vence o ódio. Se for vítima de falsidades, o humilde não se deixará magoar, reagirá a elas e, assim, quem propagou a mentira se sentirá magoado e infeliz. A humildade vence os males do homem mau. Elimine todo mal de seu coração; então, que você possa ver a insensatez de resistir a ele e caminhar ao seu lado, rumo à paz eterna.

PENSAMENTO PARA A NOITE

Se você conseguir se desapegar e colocar-se a serviço dos outros, a felicidade virá na mesma proporção e você colherá os frutos da bem-aventurança.

Eu me coloco a serviço dos outros.

PENSAMENTO PARA A MANHÃ

A compaixão também é solidariedade. Compaixão por uma angústia ou dor sofrida, com a intenção de ajudar ou aliviar o sofrimento de outrem.

Meditação do dia

Grande é o poder do propósito. A matéria inerte produz uma força viva; as circunstâncias sucumbem ao poder do propósito.

O propósito depende da inteligência. Há grandes e pequenos propósitos, conforme a inteligência da mente. Uma grande mente sempre será grande em seus propósitos. Uma inteligência fraca terá pouco propósito. Uma mente sem rumo sinaliza certo subdesenvolvimento. Os homens que forjaram os destinos da humanidade foram homens fortes em seus propósitos. Como o romano conquistador, eles seguiram caminhos bem definidos e se recusaram a se desviar mesmo quando enfrentaram a tortura e a morte.

PENSAMENTO PARA A NOITE

Compaixão também é rejubilar-se com as pessoas que são mais bem-sucedidas que nós. É sentir como nosso o sucesso delas e confraternizar.

Eu cultivo a compaixão.

8 de novembro · _James Allen_

PENSAMENTO PARA A MANHÃ

Agradáveis são os companheiros, os prazeres e o conforto material, mas eles mudam e desaparecem. A pureza e a verdade jamais se extinguem.

Meditação do dia

No final, tudo leva à silenciosa, irresistível, arrebatadora energia do propósito.

O homem fraco, que se lamenta por ser mal interpretado, não realizará grandes feitos. O subserviente, que se desvia de suas decisões para agradar aos outros e receber sua aprovação, não irá muito longe. O indeciso, que compromete seu propósito, fracassará. O homem de firmes propósitos, que não se afasta um milésimo de sua determinação, mesmo que caiam sobre ele mal-entendidos e acusações vis, bajulações e promessas injustas, é o homem de influência e realizações, de sucesso, grandeza e poder. Os obstáculos estimulam o homem de propósito. Os erros, perdas e dores não o subjugam.

PENSAMENTO PARA A NOITE

Atingirei a pureza quanto tiver resolvido o mistério da vida. Estarei seguro quando estiver livre do ódio, da luxúria e da discórdia. Encontrarei a verdade.

Eu busco a pureza de coração.

PENSAMENTO PARA A MANHÃ

Da mesma forma que a flor abre suas pétalas para receber a luz da manhã, abra também cada vez mais sua alma para a luz gloriosa da verdade.

Meditação do dia

A alegria sempre acompanha uma tarefa concluída com êxito.

De todos os homens infelizes, o preguiçoso é o mais infeliz. Na expectativa de encontrar uma vida mansa e feliz, ele evita as tarefas difíceis, pois requer dispêndio de trabalho e esforço. Sua mente está sempre inquieta e perturbada, ele se torna oprimido por uma sensação interior de vergonha e renuncia à sua condição de ser humano e ao respeito próprio. Uma empreitada concluída ou uma obra realizada sempre traz tranquilidade e satisfação.

PENSAMENTO PARA A NOITE

Voe nas asas da aspiração. Seja destemido e creia nas possibilidades mais sublimes. A força do pensamento positivo domina o universo do virtuoso.

Eu sou destemido.

10 de novembro

PENSAMENTO PARA A MANHÃ

Depois de atravessar o vale do sofrimento, pisando sobre as pedras do sacrifício, a alegria celeste e a felicidade eterna serão sua companhia.

Meditação do dia

O preço da vida é o esforço.

Todo empreendimento bem-sucedido, mesmo no mundo terreno, é recompensado em dobro pela alegria. No mundo espiritual, a alegria que sobrevém da perfeição de propósito é garantida, profunda e duradoura. Grande é a alegria do coração quando, depois de inúmeras e talvez malsucedidas tentativas, alguma falha de caráter é finalmente extraída, para não perturbar mais sua vítima e o mundo. Aquele que se empenha na virtude, envolvendo-se na formação de um caráter nobre, experimenta a alegria que não o abandona mais e torna-se parte integrante de sua natureza espiritual. A recompensa da realização é a alegria.

PENSAMENTO PARA A NOITE

Aqueles que passaram da peregrinação terrena para a peregrinação celeste retiraram da face radiante da verdade o véu escuro da tristeza.

Eu vivo todos os dias sem reclamar.

PENSAMENTO PARA A MANHÃ

A mente se enfeita com os adereços que cria. Ela é a árbitra da vida. É ela que cria e molda as circunstâncias e se beneficia de seus resultados.

Meditação do dia

Tudo o que acontece é justo.

À medida que você pensa, viaja. À medida que ama, você atrai. Hoje você está no lugar a que seus pensamentos o trouxeram; amanhã, estará aonde eles o levarem. Você não escapa dos resultados de seus pensamentos, mas pode resistir e aprender, aceitar e ser feliz. Você sempre estará no lugar que *ama*, seu pensamento será mais persistente e intenso para receber sua cota de satisfação. Se seu amor for vulgar, você chegará a um lugar vulgar. Se ele for maravilhoso, você chegará a um lugar maravilhoso. Você pode mudar seus pensamentos e, assim, mudar sua vida. Lembre-se de que você é forte. Nada está predestinado, tudo é construído.

PENSAMENTO PARA A NOITE

O homem bom merece ser feliz. Que seu coração seja puro, e assim tornará sua vida rica, suave e bela, imperturbável. A paz será sua fiel companheira.

Eu busco a paz.

12 de novembro

PENSAMENTO PARA A MANHÃ

Valorize suas visões e seus ideais. Valorize a música que embala seu coração, a beleza que vive em sua mente. Ame as pequenas coisas.

Meditação do dia

O homem cujos pensamentos, palavras e ações
são sinceros, está cercado de amigos sinceros.
O falso está cercado de amigos falsos.

Por meio de fatos e processos na natureza, o sábio aprende sua lição moral. Todas as parábolas de Jesus ilustram esta verdade e foram retiradas de fatos simples da natureza. Há um processo de semeadura na mente e na vida, uma semeadura espiritual, que produz uma colheita de acordo com o tipo de semente plantada, como pensamentos, palavras e ações, e pela lei inviolável da natureza elas se reproduzem de acordo com sua espécie. Aquele cujos pensamentos são odiosos atrai o ódio. Aquele cujos pensamentos são amorosos é amado.

PENSAMENTO PARA A NOITE

Quando você se conhecer, perceberá que cada evento de sua vida é pesado na balança infalível da igualdade. Sem nenhum favorecimento à riqueza, à pobreza, ao poder e à invisibilidade.

Eu creio na igualdade.

PENSAMENTO PARA A MANHÃ

Sua realidade pode não ser satisfatória, mas mudará quando você encontrar um ideal e lutar para alcançá-lo. Com fé e perseverança, tudo é possível.

Meditação do dia

Que aquele que é abençoado espalhe bênçãos.

O agricultor precisa espalhar todas as sementes no solo e depois deixar que a natureza faça a sua parte. Se acumular gananciosamente sua semente, ele perderá tanto a semente quanto a colheita, porque sua semente perecerá. Ao ser semeada, ela traz grande abundância. Assim é a vida: ao doar, recebemos. Nós cultivamos a riqueza espalhando-a. Aquele que afirma possuir o conhecimento, mas que não o transmite porque o mundo é incapaz de recebê-lo, não possui esse conhecimento ou, se possuir, logo será privado dele. Acumular é perder. Reter exclusivamente é não possuir.

PENSAMENTO PARA A NOITE

O universo está cercado de bondade e força e protege aquele que é bom e forte. O ser humano consumido pela ira é um homem fraco. Que pense na felicidade do próximo aquele que é forte e feliz.

Eu sou forte e feliz.

PENSAMENTO PARA A MANHÃ

A avidez mundana afasta o homem cada vez mais da paz e não só acaba em privação ou isolamento, mas também impõe estado de perpétua necessidade.

Meditação do dia

Os homens colhem o que semeiam.

Ao se sentir preocupado, confuso, triste ou infeliz, o homem deve se questionar quais sementes está plantando para o futuro, como se relaciona com o próximo e o que plantou no passado para colher hoje sentimentos tão negativos. Que ele procure dentro de si as respostas para seus questionamentos. Ao encontrar, que abandone todas as sementes do eu e semeie apenas os grãos da verdade. O agricultor será seu grande exemplo, portador das verdades simples da sabedoria, uma vez que de seus grãos germinam somente a bondade, a gentileza e o amor.

PENSAMENTO PARA A NOITE

A ambição mundana nunca é saciada, mas a ambição pela paz pode ser saciada e serenar assim que os desejos egoístas forem abandonados.

A verdade habita em mim.

PENSAMENTO PARA A MANHÃ

O homem precisa perceber que não vale a pena se apegar ao egoísmo, porque será escravizado a um senhor que não merece o seu serviço.

Meditação do dia

Ao destruir os ídolos do eu, seremos atraídos para mais perto do grande e silencioso coração do amor.

Um novo mundo nasce com a morte dos falsos deuses do egoísmo e das ilusões humanas. Abrigados sob o manto do eu, esses deuses perecíveis, consternados, foram ofuscados pela luz da revelação da verdade universal impessoal e perderam a fé nos homens. Os deuses arbitrários e seus adoradores desejosos de adulação cedem seu lugar à lei de Deus, a nova luz que preenche o coração dos homens. Para o Senhor, eles se voltam, em busca de conhecimento, compreensão, sabedoria e libertação do eu. Para bem distante foi o desejo de felicidade e satisfação pessoal.

PENSAMENTO PARA A NOITE

O homem precisa estar disposto a entregar-se, a abdicar do servilismo; somente a bondade divina merece ser entronizada em seu coração.

Eu pratico a bondade divina.

16 de novembro

PENSAMENTO PARA A MANHÃ

Aplacar os transtornos que habitam a mente do descrente exige sabedoria. A felicidade da mente sábia tolera todas as adversidades.

Meditação do dia

A excelência, que é o conhecimento da lei perfeita, está disponível para todos os que sinceramente a procurarem.

Ao trilhar o caminho da lei suprema, os homens não acusam, não duvidam, não se afligem nem desanimam, pois agora sabem que Deus está certo, que as leis universais e o cosmos estão certos, e reconhecem que, se houve um erro, foi deles. Sua salvação depende apenas dos próprios esforços, da aceitação pessoal do que é bom e da rejeição deliberada do que é mau. Não serão mais simplesmente ouvintes, eles se tornarão *construtores* do mundo, e adquirirão conhecimento, receberão ensinamentos, crescerão em sabedoria e entrarão na vida gloriosa da libertação do eu que subjuga.

PENSAMENTO PARA A NOITE

Sem o autoconhecimento não há paz duradoura. A introspecção deve ser o caminho para essa avaliação, e o sucesso levará à serenidade do coração. Adote a vida da autossuperação e conhecerá a paz.

Eu adoto o caminho da autossuperação.

PENSAMENTO PARA A MANHÃ

A meditação é a sólida morada do pensamento, tem o objetivo de compreendê-lo, até que se incorpore naturalmente em seu ser.

Meditação do dia

Deus não precisa se modificar para o homem, porque isso significaria que o perfeito precisaria se tornar imperfeito. O homem é que precisa se modificar para Deus.

Os filhos da verdade estão no mundo hoje. Eles pensam, escrevem, falam, agem. Sim, até os profetas estão entre nós, e sua influência se espalha por toda a Terra. Uma tendência de pura alegria está ganhando força no mundo, para motivar homens e mulheres em novas aspirações e esperanças. Até aqueles que não veem nem ouvem sentem anseios estranhos depois de uma vida melhor e mais plena. A lei reina, e ela reina no coração e na vida dos homens. Aqueles que procuraram o tabernáculo do verdadeiro Deus pelo caminho correto da abnegação começam a entender o reino da lei.

PENSAMENTO PARA A NOITE

Não despreze as pequenas tarefas. A finalização perfeita de pequenas inevitavelmente levará a tarefas importantes. As responsabilidades serão maiores, assim como a confiança.

Eu dou valor às pequenas tarefas.

PENSAMENTO PARA A MANHÃ

Quantas vezes as lágrimas da tristeza impediram que você encontrasse o caminho do divino e sua mão libertadora? Enxugue-as e a luz ressurgirá.

Meditação do dia

Não há submissão mais dolorosa que estar
à mercê da vontade de alguém.

Pela lei, o coração será purificado, a mente será regenerada e o ser inteiro se submeterá ao amor, até que o eu morra e o amor domine tudo, porque o reino da lei é o reino do amor. O amor espera por todos, não rejeita ninguém, porque é a herança de todos. É sublime saber que o homem pode aceitar sua herança divina e entrar no reino dos céus; porém, ele também pode rejeitá-la, pois ainda está preso ao eu egoísta, o que significa atrair para sua alma nuvens de sofrimento e tristeza que escondem a luz da verdade.

PENSAMENTO PARA A NOITE

Não confunda esperteza com inteligência, indolência com impotência ou soberba com autoconfiança. Muitos enganam, mas poucos sobrevivem.

Eu respeito o próximo.

PENSAMENTO PARA A MANHÃ

Doe-se em prol do bem-estar dos outros. Voluntarie-se. Esqueça-se de si mesmo em tudo o que faz; esse é o segredo da abundância de felicidade.

Meditação do dia

O universo moral é mantido e protegido pelo equilíbrio perfeito de seus equivalentes.

Então não há injustiça no universo? Há e não há. Depende do tipo de vida e do estado de consciência segundo o qual o homem vê o mundo e o julga. O homem que vive em suas paixões vê injustiça em todo lugar; contudo, quem superou suas paixões vê a justiça agir em todos os segmentos da vida humana. A injustiça é o sonho confuso e febril da paixão, suficientemente real para quem sonha. A justiça é a realidade permanente na vida, gloriosamente visível para aqueles que despertaram do pesadelo aflitivo do eu. Assim como no mundo físico, a natureza abomina o vácuo; por isso, no mundo espiritual, a desarmonia é abominada.

PENSAMENTO PARA A NOITE

A mente serena abriga força e repouso, amor e prudência. Será o lar de alguém que venceu as inúmeras batalhas que lutou contra o eu e triunfou.

Eu mantenho minha mente serena.

20 de novembro

PENSAMENTO PARA A MANHÃ

Quando o coração se tornar bem leve e nenhum pensamento destrutivo puder penetrá-lo e desviá-lo de sua pureza, ele enfim será generoso e abençoado.

Meditação do dia

A ordem divina não pode ser percebida até que a paixão e o eu sejam transcendidos.

Ao pensar que foi desrespeitado, ofendido, insultado e tratado injustamente, o homem não conhece a justiça. Cegado pelo eu, não percebe os princípios puros da verdade, e meditando sobre seus erros vive continuamente atormentado. No âmbito da paixão há um conflito interminável de forças que causam sofrimento a todos que nele estão envolvidos. Existe ação e reação, ato e consequência, causa e efeito, e acima de tudo está a justiça divina, que regula o jogo de forças com a máxima precisão matemática, equilibrando causa e efeito com absoluta precisão. A justiça não é percebida, não pode ser percebida pelos envolvidos no conflito.

PENSAMENTO PARA A NOITE

O homem deve fixar a mente no desenvolvimento de seus planos, no fortalecimento de suas decisões e na autoconfiança. Deve ser forte, porém não se esquecer de olhar para os lados.

Eu olho para o próximo.

PENSAMENTO PARA A MANHÃ

Começar bem o dia significa que ele será repleto de uma alegria contagiante, que invadirá seu lar com um efeito luminoso. Todos os dias devem ser bons.

Meditação do dia

Sem ter conhecimento da causa e efeito na esfera moral, os homens não veem o processo exato que está em andamento no momento.

Os homens infligem cegamente sofrimentos a si mesmos ao viver na paixão e no ressentimento, sem encontrar o verdadeiro caminho da vida. Ódio é combatido com ódio, paixão com paixão, discórdia com discórdia. O homem que mata, é assassino de si mesmo. O ladrão que vive de privar os outros de seus bens, sofre de privação. O animal que preda outros é caçado e morto. O acusador é acusado, o crítico é criticado, o denunciante é perseguido. A língua falsa condena sua mentira, o ladrão insidioso e o saqueador roubam para doar. Essa é a lei. A ignorância mantém vivos o ódio e a discórdia.

PENSAMENTO PARA A NOITE

Acorde, agradeça o seu descanso e a vida. As tarefas e obrigações diárias serão realizadas com um espírito forte, confiante, e seu dia será bem vivido.

Eu agradeço.

PENSAMENTO PARA A MANHÃ

A autopurificação permitirá ao homem gozar de saúde, o autodomínio lhe dará força. e tudo o que realizar prosperará, pois a paz é de quem merece.

Meditação lo dia

Causa e efeito não podem ser evitados.
Das consequências ninguém escapa.

O homem bom, que se libertou de todo ressentimento e egoísmo, chegou a um estado de moderação e identificou-se com o equilíbrio eterno e universal. Ao se elevar acima das forças cegas da paixão, ele as entende, contempla-as com uma percepção tranquila e penetrante; como o ermitão da montanha, menospreza o conflito das tempestades abaixo de seus pés. Para o homem, a injustiça desapareceu, e ele vê a ignorância e o sofrimento e a iluminação e a felicidade em lados opostos. Assim, além do tolo, o escravo, o impostor e o opressor precisam de sua simpatia. Sua compaixão abrange todos. A justiça infalível preside tudo.

PENSAMENTO PARA A NOITE

Cada pensamento seu é uma força enviada, e de acordo com sua natureza e intensidade ele procurará abrigo em uma mente apta a recebê-lo. Fixe seu pensamento em coisas boas e positivas.

Eu penso positivo.

PENSAMENTO PARA A MANHÃ

Que o exaltado, o medroso, o insensato e o frívolo sejam destruídos por falta de apoio. O sereno, o destemido e o sensato estarão juntos e serão mais fortes.

Meditação do dia

*Aqueles que se recusam a acender a luz da razão,
jamais perceberão a luz da verdade.*

Aquele que utiliza a luz da razão para procurar a verdade não será abandonado na escuridão. O Senhor reúne homens e mulheres para refletirem juntos sobre seus pecados vermelhos, para que se tornem brancos como a neve. Mesmo assim, muitos deles padecem dolorosamente e até morrem *porque se recusam a raciocinar*, estão presos às ilusões sombrias que podem apagar um fraco bruxulear da luz da razão. Aqueles que almejam trocar o manto vermelho do pecado e do sofrimento pela veste branca da bem-aventurança e da paz devem usar sua razão de forma livre, completa e sincera. Aqueles que desprezam a luz da razão, desprezam a luz da verdade.

PENSAMENTO PARA A NOITE

O cansaço físico não prejudica e pode ser suportado pelo corpo. Contudo, a alma e o coração sucumbem ao pensamento imposto à força. Não se force a aceitar nada que não queira. Mantenha-se sempre firme em seus propósitos.

**Eu me mantenho sempre firme
em meus propósitos.**

24 de novembro

PENSAMENTO PARA A MANHÃ

A sabedoria pode ser adquirida de três formas: por reflexão, a mais nobre; por imitação, a mais fácil; e por experiência, a mais amarga.

Meditação do dia

*Até começar a se disciplinar, o homem
não vive; simplesmente existe.*

Para que o homem possa realizar qualquer ação permanente da natureza no mundo, é necessário que ele consiga alinhar a mente com um objetivo racional, pois "as questões da vida estão além do coração". Estando as forças interiores dominadas, ele conseguirá suportar com pulso firme as atividades que formam a vida visível. O sucesso será uma consequência, e o equilíbrio entre seu intelecto e o físico atingirá o ápice; sua vida terá um propósito, um significado. Seu destino poderá ser modelado sem grandes surpresas, e o homem estará "pronto e com a mente clara".

PENSAMENTO PARA A NOITE

Descansar a cabeça no travesseiro depois de um dia repleto de boas e más experiências é momento ideal para reflexões e para pensar em um novo amanhã. Confie que amanhã será melhor. E realmente será.

Eu confio.

PENSAMENTO PARA A MANHÃ

Para conhecer quem nos cerca é necessário experimentar o sucesso e a desgraça. No sucesso, validaremos a quantidade; e na desgraça, a qualidade.

Meditação do dia

No processo da autodisciplina há três estágios: controle, renúncia e purificação.

A consciência sobre o corpo e a mente é o pilar da autodisciplina. Ao entender que as paixões dominam suas atitudes e pensamentos, o homem inicia o processo de autodisciplina controlando as emoções. Os desejos são refreados, as tentações deixam de existir, pois ele se torna um ser racional, não se deixa envolver por sentimentos egoístas e renuncia a eles. Seu corpo demanda atenção, os alimentos são selecionados, em termos de quantidade e qualidade. Ele precisa de movimento e cuidados; afinal, é nele que mora sua mente e seu coração. Assim, será purificado e viverá em paz.

PENSAMENTO PARA A NOITE

O aprendizado se inicia na infância e continua ao longo das experiências da vida. Não pense que apenas na velhice a sabedoria é adquirida. Mantenha-se alerta para aprender todos os dias com pequenos e grandes acontecimentos.

Eu me mantenho alerta.

26 de novembro

PENSAMENTO PARA A MANHÃ

O homem que deseja adquirir sabedoria deve ter o coração grande e corajoso, pois o fardo é pesado e a viagem é longa, repleta de desafios e surpresas.

Meditação do dia

A rocha da salvação, o Cristo interior, o divino, é imortal em todos os homens.

À medida que o homem pratica o autocontrole, aproxima-se da sua realidade interior, diminui a influência da paixão, do sofrimento, do prazer e da dor, tendo uma vida perseverante e virtuosa, forte e corajosa. No entanto, conter as paixões é somente o estágio inicial da autodisciplina, e esse processo é imediatamente seguido pela *purificação*; isso significa extirpar completamente a paixão de seu coração e mente, impedindo-a de renascer. Não basta que o homem refreie suas paixões para alcançar seu objetivo e a paz; ele deve purificar o coração e ter uma vida de amor e não de paixão. É na purificação de sua natureza inferior que o homem se torna forte e semelhante a Deus.

PENSAMENTO PARA A NOITE

O homem que grita e seduz com palavras de ordem e tem um vasto vocabulário não necessariamente é um sábio. O que vale são as atitudes, não o tom de voz. Atente-se para isso.

Eu mantenho boas atitudes.

PENSAMENTO PARA A MANHÃ

Quem tem uma chave de fenda deve saber como usá-la para não a tornar inútil. Assim é com a sabedoria, que deve ser utilizada por quem a conhece.

Meditação do dia

A purificação é efetivada por profunda vigilância, séria meditação e sagrada aspiração.

A verdadeira força, o poder e a utilidade nascem da autopurificação, porque as forças animais inferiores não se perdem, mas se transformam em energia intelectual e espiritual. A vida pura de pensamentos e ações conserva energia. A vida impura, desde que a impureza não se estenda além do pensamento, dissipa energia. O homem puro é mais capaz que o impuro, pois está apto a ser bem-sucedido em seus projetos e no cumprimento de seus propósitos. O fracasso do impuro é a vitória do puro, pois sua mente tranquila permite que canalize suas energias e tenha um propósito concreto. Com o crescimento na pureza se desenvolvem todos os elementos que tornam uma pessoa forte e vitoriosa.

PENSAMENTO PARA A NOITE

Ao virtuoso, não basta conhecer a virtude. Para que faça sentido, ela deve penetrar em sua mente e ser colocada em prática.

Eu pratico a virtude.

28 de novembro

PENSAMENTO PARA A MANHÃ

Conhecer o passado implica entender o presente, que é o seu resultado. Para conhecer o futuro, deve-se entender o presente, que é a sua causa.

Meditação do dia

Pela autodisciplina o homem se eleva cada vez mais alto e fica mais próximo do divino.

À medida que o homem se torna mais puro, ele percebe que o mal não tem poder, a menos que o encoraje. Por isso o ignora e afasta-o para longe de sua vida. É exercitando esse aspecto da autodisciplina que o homem assume e se afirma na vida divina e desenvolve atributos que são claramente divinos, como sabedoria, paciência, submissão, compaixão e amor. É aqui também que o homem se torna conscientemente imortal, elevando-se acima de todas as instabilidades e incertezas da vida e vivendo uma paz racional e inalterada. Pela autodisciplina o homem atinge todos os níveis de virtude e santidade, e, finalmente, torna-se um purificado filho de Deus, formando uma unidade com o coração que está no centro de tudo.

PENSAMENTO PARA A NOITE

Quem somos quando agimos com egoísmo e luxúria? Somos patéticos. Ninguém pode nos obrigar a ser generoso, empático, solidário. Mas é preciso lembrar que apenas quem tem o amor no coração sabe dar e receber.

Eu tenho amor no coração.

PENSAMENTO PARA A MANHÃ

Aprender o bem não é tarefa fácil; mais de mil dias são necessários para isso. Contudo, o mal pode ser aprendido com apenas meias palavras.

Meditação do dia

Uma vida sem resolução é uma vida sem objetivos,
e uma vida sem objetivos é superficial e instável.

Ao tomar uma decisão, o homem deixa claro que está insatisfeito e quer assumir o comando de sua vida, com a intenção de aprimorar a qualidade de uma peça fabricada com base no material mental que compõe seu caráter e sua vida. Enquanto se mantiver fiel à sua decisão, ele será bem-sucedido em seus objetivos. Os votos dos santos são resoluções sagradas, que visam a alguma vitória sobre o eu. As realizações maravilhosas dos santos e as conquistas gloriosas dos mestres divinos só se tornaram possíveis e reais por decisões inabaláveis.

A resolução é companheira de objetivos nobres e ideais sublimes.

PENSAMENTO PARA A NOITE

Quando somos dominados pela avareza, quanto mais temos mais queremos. Ao contrário, se tivermos o necessário, o pouco se torna muito. A avidez por mais leva a uma vida de ansiedade e insatisfação.

A avareza não me domina.

PENSAMENTO PARA A MANHÃ

Não se conquista a distinção por acidente, mas sim com inteligência, esforço legítimo. É a escolha sábia entre várias opções que determina o sucesso.

Meditação do dia

A verdadeira resolução é resultado de longa reflexão.

Resoluções prematuras e hesitantes não são resoluções. À primeira adversidade, desaparecerão. Ao tomar uma decisão, o homem não deve ter pressa. Ele deve examinar cuidadosamente sua posição e considerar cada circunstância e dificuldade em sua decisão. Estará preparado para cumpri-la e terá a certeza de que entende de fato a natureza de sua resolução. Sua mente estará decidida e não restará nenhuma dúvida sobre a questão. Com a mente preparada, a resolução tomada será definitiva e ela o ajudará, no devido tempo, a cumprir seu propósito maior. Resoluções precipitadas são fúteis.

PENSAMENTO PARA A NOITE

Devemos suportar a dor para nos favorecer da transformação. É na dor que o guerreiro empunha sua espada e enfrenta seus inimigos. É na dor que percebemos o valor do que temos.

Eu dou valor ao que tenho.

Dezembro

PENSAMENTO PARA A MANHÃ

Mesmo que o desejo de ser melhor, bondoso e empático seja comum aos homens de bem, cada um tem o seu tempo para amadurecer. Respeite.

Meditação do dia

A indolência é irmã gêmea da indiferença, mas agir prontamente é garantia de contentamento.

O contentamento é uma virtude que se torna sublime e espiritual à medida que a mente é treinada para reconhecê-la e o coração para receber a orientação de uma lei misericordiosa que se aplica a tudo. Estar satisfeito não significa deixar de se esforçar, mas sim *libertar-se do esforço da ansiedade*, quando o pecado, a ignorância e a estupidez são convertidos em alegria pelo dever cumprido e trabalho realizado. Ninguém é feliz levando uma vida abjeta, em pecado e culpas. Quem é indiferente a seus deveres, obrigações e queixas de seus semelhantes não possui a virtude do contentamento. O autêntico contentamento reflete um esforço sincero e uma vida verdadeira.

PENSAMENTO PARA A NOITE

Muitas mudanças dependem de nossa consciência; contudo, deixe o amor entrar no seu coração e fazer as transformações que só ele é capaz de fazer. Quando nos deixamos dominar pelo amor, temos uma vida plena.

Eu deixo o amor me dominar.

PENSAMENTO PARA A MANHÃ

A verdade deve imperar na sua caminhada até Deus. Isso poderá nos afastar de algumas pessoas, mas nos aproximará das que realmente importam.

Meditação do dia

O homem verdadeiramente satisfeito trabalha com energia e dedicação e aceita todos os resultados com espírito imperturbável.

Sentir-se feliz para o homem significa aceitar seu destino, pois não sofrerá; valorizar suas amizades e posses, pois evitará ansiedade e desgraça; e possuir pensamentos puros, assim não voltará a sofrer e a se submeter ao pecado. O homem não deve ficar acomodado com suas ideias, pois desejará crescer em inteligência, com seu caráter, buscando incessantemente a força e a virtude, e com sua situação espiritual, pois desejará adquirir mais sabedoria e bem-aventurança. Os resultados correspondem exatamente aos esforços.

PENSAMENTO PARA A NOITE

Persistir e lutar pelo que desejamos não é a garantia do sucesso e das conquistas, contudo, é o caminho mais correto para se chegar até eles. Essa luta jamais deve fazer com que sua paz e seu dia a dia sejam tomados pela arrogância, pelo egoísmo e pela insatisfação.

Eu persisto e luto com determinação e sem ansiedade.

3 de dezembro

PENSAMENTO PARA A MANHÃ

Se alguém o ferir ao longo da estrada da vida, respire e persista, pois o coração magoado não consegue seguir adiante, preso em dores do passado.

Meditação do dia

Uma irmandade universal é o ideal supremo da humanidade, e é na direção desse ideal que o mundo se move lenta e firmemente.

Não existirá uma irmandade como organização humana enquanto houver algum resquício de egoísmo no coração das pessoas que se unirem sem propósitos. O egoísmo deve tornar-se o Manto Sagrado tecido sem emendas da unificação amorosa. Mesmo assim, a irmandade pode ser percebida em sua perfeição por qualquer um e conhecida em toda sua beleza e completude, tornando-se um espírito mais sábio, puro e amoroso, eliminando a discórdia de sua mente e aprendendo a praticar esses atributos divinos, sem os quais a irmandade não passa de mera teoria, opinião ou sonho ilusório. Se houver um coração que discorde das regras, a irmandade não se formará.

PENSAMENTO PARA A NOITE

Quando houver ao seu redor muitas pessoas brigando, emudeça e afaste-se. O silêncio é necessário para ouvir as palavras que de fato valem a pena.

Eu pratico o silêncio.

PENSAMENTO PARA A MANHÃ

Todo seu ser deve estar voltado para o bem, para a disposição para com o outro, com a mente limpa de maus pensamentos.

Meditação do dia

Acima de tudo, a irmandade é espiritual,
e sua manifestação externa no mundo deve
ocorrer como uma consequência natural.

O homem divinamente iluminado está em harmonia com os quatro atributos que fundamentam a irmandade: a humildade, que contempla a mansidão e a tranquilidade; a autorrenúncia, imbuída da paciência, da sabedoria e da justiça; o amor, de onde jorram bondade, alegria e harmonia; e a compaixão, que privilegia a bondade e o perdão. Ele não conhece maldade, inveja, amargura, discórdia e a condenação; sabe da origem de suas ações e para onde elas caminham, e só tem uma atitude mental em relação a seus irmãos, a da boa vontade. Onde houver orgulho, vaidade, ódio e condenação, não pode haver irmandade.

PENSAMENTO PARA A NOITE

Não se desespere quando se confrontar com o perigo; a dor ensina que a nossa força estará sempre presente na hora que mais precisarmos dela.

O desespero não tem lugar na minha vida.

5 de dezembro

James Allen

PENSAMENTO PARA A MANHÃ

Não chore se for julgado injustamente por aquele que não sofreu ao seu lado, pois ele desconhece a dimensão da dor que mora em seu coração.

Meditação do dia

A irmandade consiste, acima de tudo,
no abandono do eu individual.

São muitas as teorias e as estratégias para propagar a irmandade, porém ela é una e imutável, livre do egoísmo e da discórdia, além de perpetrar a boa vontade e a paz, afinal, a irmandade é a prática e não a teoria. Onde houver duas pessoas determinadas a manter opiniões opostas, lá estarão o apego ao eu e a animosidade, e a irmandade estará ausente. Onde houver duas pessoas dispostas a aceitar gentilmente uma à outra, sem maldade nem ataques mútuos, o amor da verdade e da boa vontade lá estarão, e a irmandade estará presente. A irmandade só é praticada e conhecida por aquele cujo coração está em paz com o mundo inteiro.

PENSAMENTO PARA A NOITE

Seu coração e sua mente devem estar purificados antes que permitam a entrada do amor, pois a garrafa suja pode talhar o leite nela guardado.

Eu permito a entrada do amor.

PENSAMENTO PARA A MANHÃ

Não gaste energia procurando defeitos nos outros: de nada adiantará. Mais vale perceber um defeito em si mesmo, pois este você pode mudar.

Meditação do dia

Quando um homem está propenso a julgar e a condenar severamente os outros, ele deve se perguntar quanto ele mesmo é condenável.

A simpatia não é uma necessidade em relação às pessoas mais puras e mais iluminadas que o próprio eu, uma vez que o mais puro vive acima dele. Nesse caso, o respeito deveria ser exercitado como um esforço para elevar seu eu a um nível mais alto de pureza e, assim, apossar-se de uma existência superior. O homem desconhece quem é mais sábio do que ele, e antes de condenar o próximo deveria se perguntar seriamente se, afinal, julga-se melhor que aquele a quem apontou como o objeto de sua amargura. Caso seja superior, que lhe ofereça sua simpatia. Do contrário, que exercite o respeito.

PENSAMENTO PARA A NOITE

Cada um colhe os resultados dos próprios pensamentos e ações, padece com os erros e festeja os acertos. São as certezas e as realidades da vida. Foque-se no bem.

Meu foco é voltado para o bem.

7 de dezembro

James Allen

PENSAMENTO PARA A MANHÃ

Aqueles que gozam da paz do reino não procuram a felicidade em bens externos. Eles estão livres de toda ansiedade e preocupação e incorporam o amor.

Meditação do dia

Antipatia, ressentimento e condenação são formas de ódio, e o mal não desaparecerá enquanto esses sentimentos não forem banidos do coração.

Impedir as ofensas da mente é apenas um dos princípios da sabedoria, além de iluminá-la e de purificar o coração para que, longe de ter de esquecê-las, não haja nenhuma para ser lembrada. Porque somente o orgulho e o eu podem ser ofendidos e feridos pelas ações e atitudes dos outros. Aquele que bane o eu e o orgulho de seu coração nunca poderá pensar: "Eu fui ofendido por outro", ou "Eu fui enganado por outro". Do coração puro procede a perfeita compreensão de tudo. Da perfeita compreensão de tudo procede a vida serena, tranquila e sábia, livre de amargura e sofrimento. Aquele que se preocupa e se incomoda com os pecados dos outros está longe da verdade.

PENSAMENTO PARA A NOITE

Da mesma forma que o eu é a principal causa de toda discórdia, o amor é a principal causa de toda paz e felicidade, e único acesso ao reino divino.

Eu privilegio o amor em minha vida.

PENSAMENTO PARA A MANHÃ

Torne seu coração puro, e assim será sua vida: rica, suave, bela e imperturbável pela discórdia.

Meditação do dia

Aquele que se preocupa e não se conforma com os próprios pecados está muito próximo do portal da sabedoria.

Aquele que eliminou o mal de seu coração entende e conhece a verdade e não se ressente nem resiste quando os outros lhe causam mal, pois ele sabe qual é a origem e a natureza desse mal, uma manifestação dos erros da ignorância. Quem compreende e aceita a vida íntegra adquire o conhecimento para transformar-se em um homem virtuoso, que não peca, e mantém a ternura no coração em relação àqueles que, por ignorância, imaginam que possam prejudicá-lo. A atitude errada dos outros em relação a ele não o preocupa. Seu coração descansa na compaixão e no amor. Que aqueles que objetivam uma vida íntegra entendam-na serena e sabiamente.

PENSAMENTO PARA A NOITE

Creia naqueles que repudiam a satisfação pessoal mesquinha, o pensamento medíocre, e que vivem naturalmente sem anseios ou arrependimentos. Almeje, mas pratique a generosidade.

Eu pratico a generosidade.

9 de dezembro

PENSAMENTO PARA A MANHÃ

Para ser poderoso, o silêncio precisa envolver completamente a mente, precisa penetrar em cada canto do coração e precisa representar a paz.

Meditação do dia

*Um coração puro e uma vida íntegra são
o que há de maior e de mais importante.*

As ações e os pensamentos que causam sofrimento emanam do interesse próprio e do egoísmo. Os pensamentos e ações que produzem bem-aventurança emanam da verdade. O processo pelo qual a mente se modifica e transmuta é duplo: consiste em *meditação e prática*. Pela meditação silenciosa, busca-se a base e a razão da conduta correta; e pela prática, realiza-se a ação correta na vida cotidiana. Porque a verdade não é uma questão de aprendizado teórico, de raciocínio tênue, de disputa ou de habilidade controvertida. A verdade consiste em fazer o que é correto. A verdade não pode ser aprendida nos livros. Ela só pode ser aprendida e conhecida pela prática.

PENSAMENTO PARA A NOITE

Concentre-se nas forças divinas do pensamento e da alma para que todas as dificuldades cedam diante de uma mente poderosa.

Eu me concentro nas forças divinas.

PENSAMENTO PARA A MANHÃ

Se não puder ajudar uma pessoa em apuros, não fale com ninguém sobre a sua situação, pois num piscar de olhos você poderá estar no lugar dela.

Meditação do dia

A verdade pertence àquele que a encontrou praticando.

Somente conhece a verdade quem a pratica, e a primeira lição é o autocontrole. Ao passar para o segundo ensinamento e dominar completamente o aprendizado, a perfeição moral desejada será atingida. É comum os homens imaginarem que a verdade consiste em manter certas ideias ou opiniões. Lendo vários livros, criam conceitos que chamam de "verdade" e discutem com seus semelhantes para convencê-los de que têm razão. Ao realizarem grandes obras terrenas, os homens julgam-se sábios. Contudo, nas questões espirituais eles são inexperientes, porque somente leem, mas não realizam nada. Enganam-se, acreditando que dominam a verdade. Somente aquele cuja vida é exemplo de conduta pura e irrepreensível possui a verdade.

PENSAMENTO PARA A NOITE

Não importa quão dura e cruel a vida seja com você, vá para a cama agradecido por tudo o que possui, pelo que aconteceu em seu dia, pela saúde e principalmente pelos amigos que tem ao seu lado.

Eu agradeço todos os dias.

PENSAMENTO PARA A MANHÃ

Um dia você dará seu último abraço, dará seu último beijo, mas você nunca sabe quando será a última vez. Viva cada dia como se fosse o último.

Meditação do dia

O amor inclui tudo.

Pela própria natureza, o amor jamais pertencerá exclusivamente a uma religião, seita, associação ou irmandade. Porém a alegação comum desses segmentos, para garantir a posse restrita da verdade em suas doutrinas religiosas particulares, é a negação do amor. A verdade é o espírito e a vida, e jamais será limitada a qualquer forma específica de doutrina. O amor é um anjo alado que se recusa a ser acorrentado a qualquer lei doutrinária; inclui tudo – o virtuoso e o pecador, o justo e o vil, o puro e o impuro, e está acima de todos. Assim também está aquele cujo amor é profundo e abrangente. Ódio é ausência de amor; portanto, ausência de tudo o que está incluído no amor.

PENSAMENTO PARA A NOITE

O sucesso não é o fim, a falha não é fatal. Os bons pensamentos e a coragem para persistir lutando, até alcançar o portal do reino, é o que vale a pena.

Eu pratico os bons pensamentos.

PENSAMENTO PARA A MANHÃ

A perda de energia com atitudes mesquinhas não deve preocupar uma pessoa. O importante é dar valor às ações que buscam o amor ao próximo.

Meditação do dia

O amor amplia e expande a mente do homem até abraçar em seus afetuosos desdobramentos toda a humanidade, sem distinção.

O caminho do amor é o caminho da vida imortal, iniciando pela libertação de nossas lamúrias, discussões, críticas e suspeitas. Caso esses vícios mesquinhos nos dominem, devemos aceitar que não temos amor. Sendo sinceros, estaremos preparados para encontrá-lo, eliminaremos de nossas mentes todos os maus pensamentos no trabalho e na vida. Saberemos aplicar a liberdade magnânima, respeitando e aceitando as escolhas de quem está ao nosso redor, mesmo que sejam diferentes das nossas. Estaremos prontos a amá-los como prega São Paulo: o amor como princípio eterno. Aquele que possui o amor, qualquer que seja seu credo, ou mesmo nenhum, é iluminado pela luz da verdade.

PENSAMENTO PARA A NOITE

Bem-aventurados aqueles que aceitam a retidão e a abraçam. Eles entrarão no mundo da verdade. Eles encontrarão a paz perfeita.

Eu abraço a retidão.

PENSAMENTO PARA A MANHÃ

Se você fizer o bem, deixe-se fazê-lo repetidamente. Encontre prazer nisso, pois bem-aventurado é o acúmulo do bem em seu coração.

Meditação do dia

A vida da verdade é aquela na qual as más ações são eliminadas e substituídas por bons pensamentos e boas ações.

A infelicidade no mundo está nas ações erradas, que atraem a tristeza. As boas atitudes transformam toda desgraça em alegria. Mas não devemos pensar que "são as ações erradas dos outros que nos tornam infelizes", porque esse pensamento produz amargura e acirra o ódio em relação aos outros. Precisamos entender que a infelicidade resulta do erro que existe dentro de nós, assumir que somos imperfeitos e fortalecer nossos pontos fracos. Em vez de acusar os outros por nossas falhas de conduta e tribulações, devemos perseverar e nos afirmar mais na verdade. Siga com passos humildes o caminho santificado da verdade.

PENSAMENTO PARA A NOITE

Ao cuidar de si mesmo, estará cuidando do próximo com amor. Ao tratar bem o próximo, se beneficiará desse mesmo bem, que alimenta o coração.

Eu cuido do próximo.

PENSAMENTO PARA A MANHÃ

Quando um homem fala ou age com o pensamento puro e sem mágoa no coração, a felicidade o acompanha como uma sombra que jamais o deixa.

Meditação do dia

Os princípios da verdade são fixos
e eternos, e ninguém pode alterá-los.

A investigação e a prática desvendaram os princípios da verdade, estabelecidos e organizados para tornar o caminho mais suave de quem superou o pecado, o erro, e descobriu a virtude e a verdade. Santos, Buda e Cristo atingiram a perfeição divina seguindo os mesmos passos. O imperfeito o fará no futuro para alcançar sua meta gloriosa, além daquele que lutar diariamente para purificar seu coração e para combater seus pecados, não importando que religião professe. Religiões podem divergir, mas o pecado, sua superação e a verdade jamais discordam. As religiões mudam com o passar dos tempos, mas os princípios da virtude divina são eternamente imutáveis.

PENSAMENTO PARA A NOITE

Quando você guarda rancor no coração, somente está causando dor a si mesmo, pois quem está ao seu lado provavelmente não sabe de sua agonia.

Eu sou completamente livre.

15 de dezembro

James Allen

PENSAMENTO PARA A MANHÃ

A vida é simples. Você controla sua mente. Se acreditar e lutar pelo que quer, você conseguirá atingir tudo o que pretende, basta confiar.

Meditação do dia

A verdade é uma só, embora tenha várias facetas e se adapte aos homens em vários estágios de crescimento.

Eu me sentei aos pés de todos os grandes mestres e aprendi com eles. Indescritível foi nosso regozijo por termos encontrado na vida e nos preceitos de mestres indianos e chineses os mesmos atributos divinos e as mesmas verdades reveladoras que formam o caráter de Jesus Cristo. Para nós, todas parecem maravilhosas e adoráveis, e tão profundas, virtuosas e sábias que só podemos reverenciá-las e aprender com elas. Essas verdades também influenciaram muitas outras pessoas da mesma forma maravilhosa e eterna e evocaram igualmente a adoração imorredoura de milhões de seres humanos. Os grandes mestres são flores aperfeiçoadas da humanidade, exemplos do que todos os homens serão um dia.

PENSAMENTO PARA A NOITE

Em nossa caminhada, a mudança é implacável, a perda é inevitável. A felicidade somente será plena se nos moldarmos às adversidades.

**Eu aceito os acontecimentos em minha vida.**

PENSAMENTO PARA A MANHÃ

Não permita que ninguém lhe tire a paz, nem dependa de ninguém para ser feliz. Para o conhecimento divino, a paz e a felicidade vêm de dentro de você.

Meditação do dia

A perfeita pureza de coração é uma condição da libertação de todos os desejos e condescendências com o eu.

Há uma distinção entre a vida mundana e a vida religiosa. A vida mundana tem seu viés pecaminoso, porém, quem controla e purifica suas tendências pecaminosas, é religioso e deve refrear suas paixões e ser implacável com seus desejos, pois assim é a religião. O religioso aprenderá a ver os homens e o mundo *como eles são* e a perceber que está vivendo de acordo com a sua natureza e com o seu direito de escolher seu caminho como ser humano inteligente. O devoto jamais deverá impor suas regras de vida ou atrever-se a imaginar-se em um "plano mais elevado" que eles. Quem ama a verdade precisa amar toda a humanidade, precisa permitir que seu amor se espalhe sem restrição ou limites.

PENSAMENTO PARA A NOITE

Basta nascer para morrer, conhecer pessoas para deixá-las e ganhar coisas para perdê-las. A vida segue seu rumo, e depende apenas de você ser feliz com seu dia a dia.

Eu sou feliz com o meu cotidiano.

17 de dezembro

PENSAMENTO PARA A MANHÃ

Somos o que somos conforme nossa maneira de agir e de pensar. Com as ações e os pensamentos, criamos nosso mundo, que pode ser bom, desde que sejamos bondosos.

Meditação do dia

O nível de certeza sobre o qual repousamos em segurança em todos os incidentes da vida é a precisão matemática da lei moral.

As mudanças contínuas, a insegurança e o mistério da vida exigem que tenhamos algum sustentáculo de certeza sobre o qual descansar para que a felicidade e a paz mental sejam mantidas. Este conhecimento básico a ser adquirido pela humanidade pode ser mais bem definido pela expressão *justiça divina*. A justiça humana difere entre os homens, de acordo com a própria luz ou escuridão, mas não pode haver mudança na justiça divina, o alicerce do universo.

PENSAMENTO PARA A NOITE

Importar-se com a felicidade do próximo faz crescer nosso bem-estar. Ao cultivar sentimentos profundos, atingimos a paz e a serenidade no coração.

Eu cultivo sentimentos profundos.

PENSAMENTO PARA A MANHÃ

O sábio brilha, é discreto, mas é notado, não se elogia, mas tem méritos. Ele nunca compete, por isso ninguém pode competir contra ele.

Meditação do dia

Todas as leis espirituais com que os homens estão familiarizados têm, e precisam ter, a mesma infalibilidade em suas aplicações.

Para qualquer pensamento ou ação em circunstâncias semelhantes, o resultado será sempre o mesmo. Tal justiça ética fundamental, com suas ações e reações, é o que impede a sociedade de sucumbir. Portanto, segue-se que as desigualdades na vida em relação à distribuição de felicidade e sofrimento são o resultado de forças morais que agem ao longo de linhas de absoluta precisão. Essa precisão absoluta, essa lei perfeita, é a única grande certeza fundamental na vida, cuja descoberta garante a perfeição do homem, torna-o sábio e iluminado e preenche-o de alegria e paz. A ordem moral do universo não é, nem pode ser, desproporcional, pois, se fosse, o universo sucumbiria.

PENSAMENTO PARA A NOITE

Nossa vida é feita de boas e más experiências. Devemos escolher os desafios para guiar nosso caminho e encará-los como oportunidades de crescimento.

Eu escolho meus desafios de acordo com o que quero para minha vida.

PENSAMENTO PARA A MANHÃ

Cultivar a gratidão transforma os relacionamentos. Aprender a dizer "não" permite priorizar o que realmente importa para o crescimento pessoal.

Meditação do dia

Nada pode transcender o certo.

Se a crença nessa certeza for afastada da consciência do homem, ele estará à deriva em um oceano de acasos que ele mesmo cria, sem leme, mapa ou bússola, sem direção para orientar suas ações morais. Até a mais rudimentar ideia de Deus, como um grande homem cuja mente perfeita é infalível e em que não há possibilidade de "mudança nem sombra de alteração", é uma expressão popular de uma crença neste princípio básico da justiça divina, no qual não há favor nem acaso, mas direito infalível e imutável. Assim, todos os sofrimentos são justos como *efeitos*, e os erros da ignorância são as causas. O homem não pode padecer pelo que nunca fez ou deixou de fazer, *porque isso seria um efeito sem uma causa.*

PENSAMENTO PARA A NOITE

Os fracassos são apenas uma parte do processo de autoconhecimento, assim como aceitar as próprias imperfeições traz paz interior.

Eu aceito as minhas imperfeições.

PENSAMENTO PARA A MANHÃ

Ao abraçar as incertezas que nos angustiam, aprendemos a viver mais plenamente o presente.

Meditação do dia

Talento, genialidade, bondade, grandeza não caem do céu prontos. São o resultado de uma longa cadeia de causas e efeitos.

O processo de crescimento é evidente em uma flor, diferentemente quanto ao crescimento mental e espiritual. No entanto, está lá e pode ser observado pelos olhos do espírito do verdadeiro pensador e sábio. Da mesma forma que o cientista natural está familiarizado com as causas e os efeitos naturais, o sábio também está familiarizado com as causas e os efeitos espirituais. Para ele, o processo de formação do caráter é semelhante ao crescimento das plantas. Ao ver surgir as flores da genialidade e da virtude, ele sabe de quais sementes mentais elas brotaram e como chegarão à perfeição; nada cai do céu. Sempre haverá mudança, crescimento, transformação.

PENSAMENTO PARA A NOITE

A mudança de comportamento da autocrítica para a autocompaixão colabora para melhorar a autoestima e subir mais um degrau para a paz interior.

Eu busco a paz interior.

21 de dezembro

PENSAMENTO PARA A MANHÃ

Praticar a empatia fortalece os relacionamentos, e decidir viver com intenção traz mais significado à própria vida e à de quem está ao redor.

Meditação do dia

Um olhar atento é um convite para uma vida mais nobre.

Assim como é impossível viver em dois países ao mesmo tempo, de igual forma ocorre em relação a viver em dois países espirituais simultaneamente. O homem precisa abandonar a terra do pecado antes de poder viver em paz na terra da verdade. Ao trocar seu país de origem por uma vida nova em outra nação, ele abandona todos os seus relacionamentos, felizes ou não, e precisa renunciar ao antigo mundo do pecado, com seus prazeres adoráveis, pecados prediletos e amizades vãs. Assim, a pessoa se beneficia, a humanidade também e o universo torna-se uma morada mais brilhante e mais bela. Precisamos sacudir a lama do vale de nossos pés, se quisermos estar em comunhão com o silêncio da montanha.

PENSAMENTO PARA A NOITE

A capacidade de adaptação torna o homem mais resiliente, e a positividade traz uma nova perspectiva de vida.

Eu me adapto a novas situações.

PENSAMENTO PARA A MANHÃ

Aprenda a perdoar e liberte-se do peso fatigante do ressentimento, que prolonga o caminho em direção ao reino divino.

Meditação do dia

Os pensamentos corretos nascem da atitude mental correta e levam a ações corretas.

A atitude mental correta sempre busca o bem e dela extrai a força, o conhecimento e a sabedoria. Pensamentos corretos são inspirações de ânimo, alegria, esperança, coragem, amor, generosidade, fé e confiança. Estas afirmações forjam caracteres fortes, vidas úteis e nobres, constroem o sucesso pessoal e o progresso do mundo. Tais pensamentos caminham ao lado de ações corretas, aumentando a energia e o esforço no trabalho para alcançar um objetivo. Como o alpinista que finalmente chega ao topo da montanha, o trabalhador por fim cumpre sua meta. As pessoas bem-sucedidas sempre atingiram seu sucesso pessoal esforçando-se arduamente por ele.

PENSAMENTO PARA A NOITE

O homem que abandona a antipatia e pratica a gentileza torna o dia a dia mais gratificante e muda o olhar em relação a quem está ao seu lado.

Eu pratico a gentileza.

PENSAMENTO PARA A MANHÃ

Ao abandonar a bolha de arrogância em que vive e buscar oportunidades de aprendizado, o homem torna-se mais sábio e feliz.

Meditação do dia

O sofrimento é um processo purificador e aperfeiçoador. "São as adversidades que sofremos que nos tornam obedientes."

Causar sofrimento aos outros é estar cego pela ignorância, enquanto sofrer nos aproxima da bondade. O sofrimento ensina os homens a ser amáveis e compassivos, e seu coração torna-se mais terno e empático. Contrariamente, ao agir com crueldade, em sua ignorância, acreditam que esse é o fim de sua ação, mas é apenas o começo. Associada à ação há uma série de consequências que os mergulhará em um tormento infernal de padecimento. A cada mau pensamento elaborado ou má ação praticada corresponde um sofrimento físico ou mental proporcional ao pensamento ou ação inicial. Familiarizar-se com o sofrimento permite que o homem sinta a dor dos outros.

PENSAMENTO PARA A NOITE

Toda ruptura é dolorosa; romper com o passado egoísta, de ostentação e desrespeito é aceitar mudanças inevitáveis que ajudarão a fluir ao lado delas.

Eu aceito as mudanças inevitáveis.

PENSAMENTO PARA A MANHÃ

O homem fraco e sem perspectivas precisa acreditar em seu potencial para criar coragem para perseguir os seus sonhos e realizá-los.

Meditação do dia

Todos os recursos já estão com você e dentro de você.

Da mesma forma que a realização perfeita de pequenas tarefas leva à maior força, sua realização sem cuidado leva à maior fraqueza. O caráter do homem reflete-se no cumprimento de seus deveres. A fraqueza é uma fonte de sofrimento tão grande quanto o pecado, e não haverá verdadeira bem-aventurança se não houver alguma força de caráter envolvida. O fraco torna-se forte agregando valor ao executar pequenas ações corretamente. O forte torna-se fraco ao viver na lassidão e ao desprezar a importância de pequenas ações, perdendo sua sabedoria e desperdiçando energia. Não há outro caminho para a força e a sabedoria senão agir com força e sabedoria no momento presente.

PENSAMENTO PARA A NOITE

Assumir a própria ingratidão e adotar uma atitude de reconhecimento transforma a mentalidade do ser humano de escassez em abundância.

Eu assumo meus maus comportamentos para me tornar uma pessoa melhor.

25 de dezembro

James Allen

PENSAMENTO PARA A MANHÃ

Acordar, abrir os olhos e admirar o sol que brilha no céu ou a chuva torrencial é encontrar a beleza nas pequenas coisas que trazem alegria à existência.

Meditação do dia

O ano está passando, e abençoados são aqueles que podem abandonar seus erros, ofensas e malfeitos e esquecer-se deles para sempre.

O passado não pode ser alterado e cairá no esquecimento, desde que dele se extraiam e se retenham as divinas lições aprendidas. A força das lições será o ponto de partida para uma vida mais nobre, pura e perfeita. Os pensamentos de ódio, ressentimento, discórdia e animosidade perecerão ao lado do passado. O coração abandonará as lembranças maldosas, os rancores profanos. O desejo de "paz na Terra aos homens de boa vontade" deverá ser mais que apenas um chavão sempre reiterado. A prática da verdade será constante, e seu coração, a sua morada. A harmonia e a paz serão sua companhia. Bem-aventurado é aquele que não tem pecados para lembrar, nem ofensas a esquecer. Que nesses corações puros nenhum pensamento de ódio possa medrar e florescer.

PENSAMENTO PARA A NOITE

Aquele que segue princípios e respeita as boas leis sabe praticar a autodisciplina e introduz em sua vida mais liberdade e realização.

Eu aspiro à paz.

Meditação e pensamentos
para cada dia do ano

26 de dezembro

PENSAMENTO PARA A MANHÃ

O homem humilde, que conhece seus limites e valoriza as palavras dos sábios, aprende a ouvir ativamente e melhora relacionamentos e conexões.

Meditação do dia

A ninguém será dada uma dificuldade que não tenha forças para enfrentar e vencer.

Não considere suas dificuldades e hesitações como presságios de maldade. Se o fizer, você as tornará más. Encare-as como profecias do bem. De fato, são isso. Não acredite que pode escapar ou fugir delas, pois não pode. É impossível. Para onde for, lá estarão; enfrente-as com tranquilidade e bravura, impassibilidade e dignidade possíveis. Avalie suas dimensões, meça sua intensidade. Entenda-as, ataque-as, para finalmente vencê-las. Assim, aumentará sua força e inteligência, e seguirá por um daqueles atalhos da bem-aventurança que não são vistos por quem olha superficialmente. Não há paz no pecado, não há descanso no erro, não há refúgio final senão na sabedoria.

PENSAMENTO PARA A NOITE

Cabe ao homem fazer suas escolhas e trilhar, bem ou mal, sua trajetória. Decidir ser proativo em vez de reativo dará mais controle sobre sua vida.

Eu faço as minhas escolhas.

27 de dezembro

PENSAMENTO PARA A MANHÃ

O egoísmo, que é o desrespeito ao bem-estar do próximo, não pode ser confundido com o autocuidado, que significa a necessidade de preservação.

Meditação do dia

Aceite suas obrigações com amor no coração,
e você as desempenhará com o coração leve e feliz.

Que fardo pesado o homem precisa suportar que não se torna mais pesado e mais insuportável com pensamentos fracos ou desejos egoístas? Se você está enfrentando situações difíceis é porque precisa delas e pode desenvolver a força para enfrentá-las. São difíceis porque há algum ponto fraco em você, que se não for eliminado permitirá que assim continue. Alegre-se por ter a oportunidade de tornar-se mais forte e mais sábio. Nenhuma situação pode desafiar a sabedoria. Nada pode esgotar o amor. Pare de remoer suas situações difíceis e reflita sobre a existência de algumas delas sobre você. O dever do qual você se esquiva é seu anjo reprovador. O prazer atrás do qual você corre é seu inimigo bajulador.

PENSAMENTO PARA A NOITE

Para crescer e alcançar a felicidade, a perfeição não deve ser o foco da vida do homem, mas sim o progresso gradual e contínuo da sua personalidade.

Eu almejo o crescimento pessoal.

PENSAMENTO PARA A MANHÃ

Não importa se a sua jornada for de mil metros ou de mil quilômetros, pois o início é o mesmo: ela começa com um único passo, o primeiro.

Meditação do dia

A complacência irracional é contrária à percepção da verdade.

Há poucas benevolências egoístas; algumas podem parecer inofensivas e geralmente são encorajadas, mas não o são. As pessoas não sabem o que perdem por sucumbir às satisfações excessivamente delicadas e egoístas de forma recorrente. Para que Deus se eleve forte e triunfante no homem, o animal que vive nele precisa morrer. A satisfação de natureza animal, mesmo quando parece inocente e terna, afasta o homem da verdade e da glória. Ao ser alimentado e satisfeito, o animal dentro de você torna-se mais forte e mais rebelde, dominando sua mente, que deveria ser a guardiã da verdade. Viva acima do desejo provocado pelos sentidos e não viverá em vão nem na incerteza.

PENSAMENTO PARA A NOITE

Ao abrir o coração para o amor fraternal, descobrimos que a verdadeira felicidade não é encontrada lá fora, pois ela é cultivada dentro de nós.

Eu conheço o amor misericordioso.

PENSAMENTO PARA A MANHÃ

Para prosperar, o homem não deve aguardar pelas circunstâncias ideais para mudar, mas sim criar o próprio ambiente.

Meditação do dia

Sacrifique todo ódio, destrua-o sobre o altar de devoção, a devoção ao próximo.

O que quer que os outros falem ou façam a você, nunca se sinta ofendido. Não responda ao ódio na mesma moeda. Se alguém o odeia é porque talvez você tenha, consciente ou inconscientemente, agido mal, ou pode haver algum mal-entendido que a prática da gentileza e da racionalidade pode desfazer. Mas em qualquer circunstância, "Pai, perdoai-os" é infinitamente melhor que "não há mais nada que eu possa fazer". O ódio é tão mesquinho e pobre, tão cego e deplorável! O amor é grande e rico, previdente e abençoado. Abra as comportas de seu coração para que esse amor terno, sublime e maravilhoso que abrange tudo possa transbordar.

PENSAMENTO PARA A NOITE

A bondade é o ato de estender a mão em compaixão e oferecer o amor incondicional a todos que encontramos no caminho ao divino.

Eu me doo para o próximo.

PENSAMENTO PARA A MANHÃ

Na estrada da vida, a bondade é o farol que nos guia no meio das tempestades e nos momentos difíceis, com o brilho do amor indicando o norte para a paz.

Meditação do dia

Além do portão da abnegação está o elísio de alegria abundante.

Se soubessem que o egoísmo leva à desgraça e a misericórdia à alegria, não somente para o eu de alguém – porque, se isso fosse tudo, como não seriam vãs nossas realizações –, mas para o mundo inteiro, todos com quem vivemos e temos contato seriam mais felizes e mais verdadeiros pela abnegação. Por saber que a humanidade é uma só e a alegria é de todos, espalhemos flores nos caminhos da vida. Sim, até nas estradas de nossos inimigos, espalhemos flores de amor abnegado. Que a pressão de suas pegadas preencha o ar com o perfume da santidade e torne o mundo feliz com o perfume da alegria. Procure o bem supremo e experimentará a mais profunda e a mais terna alegria.

PENSAMENTO PARA A NOITE

A felicidade não é apenas um destino a ser traçado, mas também uma jornada iluminada pela luz do amor e da bondade, em busca da paz com Deus.

Eu busco a paz com Deus.

31 de dezembro

PENSAMENTO PARA A MANHÃ

Descobrir a gratidão emergindo do coração, depois de muito lutar contra o egoísmo e a soberba, faz o espírito ficar mais leve e deixa a mente em paz.

Meditação do dia

O universo não favorece ninguém. Ele é supremamente justo e dá a cada um sua devida recompensa.

Feliz na alegria eterna é aquele que chegou à vida na qual a ideia do eu foi eliminada. Ele entrou no reino dos céus hoje e nesta mesma vida está em paz no regaço do infinito. Suave é o repouso e profunda é a felicidade daquele que libertou seu coração dos prazeres e ódios e dos desejos obscuros; daquele que, sem nenhuma sombra de amargura ou egoísmo, pode respirar a bênção em seu coração: paz para todos os seres vivos, sem exceção ou distinção. Esse homem atingiu o final feliz que nunca lhe será roubado: a completa paz, a consumação da perfeita bem-aventurança.

PENSAMENTO PARA A NOITE

Ao encontrar o caminho certo na vida, o homem poderá alegrar-se e exultar. Procure a paz, eleja a paz, comece todos os dias buscando a paz.

Eu busco a paz.